VEGAN IM JOB

Über 60 schnelle und gesunde Rezepte – auch für unterwegs

LUNCH

PATRICK BOLK

VEGAN IM JOB

Über 60 schnelle und gesunde Rezepte – auch für unterwegs

südwest

INHALT

REZEPTE

Büro

EINFÜHRUNG

Wer, wie man so schön sagt, »mit beiden Beinen im Berufsleben steht«, dem fällt es zumeist gar nicht so leicht, sich im Alltag gesund zu ernähren, denn dazu bedarf es Zeit und Vorbereitung. Und Zeit ist ja bekanntlich knapp. Stellt man sich morgens in einer beliebigen Großstadt auf einen Bahnsteig, so wird man viele Menschen sehen, die sich soeben unterwegs in einer der zahlreichen Bäckereien mit einem Coffee to go, einem belegten Brötchen, einem Croissant oder einer Brezel versorgt haben. Das Ganze wird häufig im Laufen heruntergeschlungen, oft sogar unbewusst nebenbei, weil man ja bereits über das Smartphone Mails abruft oder Nachrichten liest. Es muss schnell gehen, denn wir alle haben eine Menge zu tun. Spätestens ab elf Uhr knurrt dann der Magen, da das Frühstück nicht wirklich gesättigt hat.

Mittags geht man in die Kantine oder zum nächsten Schnellimbiss, wo man den Hunger mit überwiegend ungesunden, fettigen und zuckerreichen Speisen stillt. Sitzt man anschließend wieder im Büro, bekommt man in der Regel das Mittagstief zu spüren, das man mit viel Kaffee bekämpft. Kommt man abends endlich nach einem anstrengenden Arbeitstag nach Hause, fehlt einfach die rechte Lust, sich noch in die Küche zu stellen, um etwas Gesundes zu kochen. Es lockt die Couch, es locken Fertiggerichte oder der Lieferservice. Und am Wochenende gibt es eine ganze Menge anderer Dinge zu tun, als sich für Einkaufen und Kochen viel Zeit zu nehmen.

»ENERGIE« LAUTET DAS ZAUBERWORT

Eine geradezu verflixte Situation, denn wer viel und hart arbeitet, der braucht Energie, und Energie bekommen wir doch vor allem über unsere Nahrung. So wie wir Benzin in unsere Autos einfüllen, damit sie fahren, müssen wir unseren Körper mit Nährstoffen betanken, damit er funktionieren kann. Wer dem Hunger ständig mit wenig geeigneten Lebensmitteln begegnet, mit Fast Food und Fertigprodukten, der wird niemals so viel Energie zur Verfügung haben wie jemand, der auf eine ausgewogene Ernährung mit vielen frischen und unverarbeiteten Lebensmitteln setzt. Keine Frage, Letzteres kostet deutlich mehr Zeit.

Gesunde Produkte einzukaufen und frisch zu kochen dauert einfach länger, als im Imbiss um die Ecke einen Schnitzelteller zu bestellen oder morgens ein Schokocroissant mit Kaffee hinunterzuspülen. Das aber geht nicht nur zulasten unserer Gesundheit, sondern auch zulasten unserer Leistungsfähigkeit. Wer seinem Körper dauerhaft nicht die benötigten Nährstoffe in ausreichender Qualität und Quantität zur Verfügung stellt, geht das große Risiko eines Mangels ein, der schlimmstenfalls zu Erkrankungen führen kann.

Kennen Sie jemanden persönlich, der sich sehr gesund ernährt, vielleicht sogar vegan oder rohköstlich? Mit großer Wahrscheinlichkeit wird Ihnen dieser Mensch davon berichten, dass er seit seiner Ernährungsumstellung über viel mehr Energie verfügt und das berüchtigte Mittagstief überhaupt nicht mehr erlebt. Sich mit Kaffee, Energydrinks und Cola aufzuputschen hat zwar kurzfristig durchaus eine Wirkung; es ist aber langfristig alles andere als gesund, große Mengen solcher Wachmacher zu trinken. Glücklicherweise gibt es zu so ziemlich jedem ungesunden Getränk oder Gericht eine deutlich gesündere Alternative, und wer sich generell ausgewogener und gesünder ernährt, braucht keine Wachmacher mehr.

Zu viele Menschen tappen in die immer gleiche Falle, denn ungesunde Lebensmittel sind überall günstig und schnell zu bekommen. So fühlt man sich zwar für den Moment gesättigt, doch das hält nicht lange an, und von einem echten Energieschub kann man kaum sprechen. Viele Menschen fühlen sich im Gegenteil nach einer zucker- oder fettreichen Mahlzeit müde, denn der Körper muss das wenig gesunde Essen nun verdauen. Und das verbraucht eine Menge von jener Energie, die man ihm doch gerade erst zugeführt hat. Gerade die Verdauung von Fleisch kostet eine Menge Energie, während pflanzliche Lebensmittel in der Regel leichter verarbeitet werden. Und so bleibt am Ende einfach mehr Energie übrig, wenn man sich von möglichst frischen und unverarbeiteten Lebensmitteln und vegan ernährt. Doch auch bei einer rein pflanzlichen Ernährung lohnt es, sich näher mit den Lebensmitteln zu beschäftigen: Produkte wie Amaranth, Quinoa oder Buchweizen beispielsweise sind leichter zu verdauen und liefern deutlich mehr Energie als Weißmehlprodukte.

HEISST VEGAN AUTOMATISCH AUCH GESUND?

Natürlich bedeutet eine gesunde Lebensweise nicht zwangsläufig, sich zu 100 Prozent vegan ernähren zu müssen. Zumindest aber bringt eine rein pflanzliche Ernährung viele Vorteile mit sich, da auf viele Lebensmittel, die uns – wenigstens in größeren Mengen – nicht guttun, ganz automatisch verzichtet wird, besonders auf Fleisch und Milchprodukte. Doch auch wer vegan lebt, kann sich ungesund ernähren, wenn der Speiseplan von industriell verarbeiteten Fertigprodukten und Fast Food bestimmt wird. Ein veganer Gyrosteller mit Pommes ist nun mal tatsächlich fast genauso ungesund wie die tierische Variante. Und wer in der Kantine ausschließlich zu verkochten Beilagen greift, dürfte langfristig auch keine rechte Freude an einer veganen Ernährung haben. Veganes Essen darf und soll richtig gut schmecken!

Eine gesunde Ernährung bedeutet nichts anderes, als seinem Körper die von ihm benötigten Nährstoffe zuzuführen. Das kann man zwar auf ganz unterschiedliche Art und Weise erledigen, doch Nahrung ist nicht gleich Nahrung. Wenn Sie sich einmal die Mühe machen, Nährstofftabellen zurate zu ziehen, werden Sie erkennen, welche Lebensmittel Ihnen am meisten Energie liefern: frisches Gemüse und Obst, Hülsenfrüchte und weitere unverarbeitete vollwertige Lebensmittel, alles möglichst schonend zubereitet oder gar roh verzehrt. Sie werden recht schnell den Effekt einer gesünderen Ernährung feststellen können, vermutlich schon innerhalb weniger Tage.

VEGAN IM JOB

Bleibt die durchaus berechtigte Frage: Wie soll man das alles schaffen, wenn man täglich acht Stunden oder mehr arbeiten muss? Oder auch: Wie soll man abends noch den inneren Schweinehund überwinden und sich etwas Gesundes zubereiten, wenn man ausgelaugt und gestresst aus dem Büro kommt?

Genau hier soll Ihnen das Buch, das Sie in Händen halten, helfen: Sie lernen, den zusätzlichen Aufwand für die Zubereitung gesunder Mahlzeiten auf ein Minimum zu reduzieren. Ganz egal, ob Sie morgens schnell etwas frühstücken wollen, mittags unterwegs sind oder abends keine Lust auf TK-Pizza verspüren – Sie finden auf den folgenden Seiten eine Menge Infos und Tipps und dazu eine ganze Reihe von einfachen und schnellen Rezepten, die Sie immer wieder variieren können.

Sie werden sehen, dass sich der zusätzliche Zeitaufwand lohnt, denn Sie werden gesünder leben und sich fitter fühlen, egal, ob bei der Arbeit oder in Ihrer wohlverdienten Freizeit. Außerdem gilt: Wer leistungsfähiger ist, der bekommt in der gleichen Zeit auch einfach mehr geschafft. Und ein bewussterer Umgang mit unserer Ernährung und unserem Körper kann sogar dazu führen, dass wir uns weniger gestresst fühlen. Nehmen Sie sich also die Zeit und gönnen Sie sich etwas Gesundes!

VIEL SPASS MIT DIESEM BUCH!

VEGAN IM ALLTAG

Zu Hause gesund vegan essen? Kein Problem! Doch wie bekommt man das unterwegs hin?

VEGAN IM ALLTAG

Wie schafft man es nun also ganz konkret, sich im Berufsalltag gesund zu ernähren, statt aus Zeitmangel oder Bequemlichkeit wieder zu Fast Food und Co. zu greifen? In erster Linie tatsächlich durch eine gute Vorbereitung, ein paar Tipps (die Sie im Folgenden bekommen) sowie einfache Rezepte. Immer wenn ich mit Menschen gesprochen habe, die sich gerne gesünder ernähren würden, aber gleichzeitig auch viel arbeiten müssen, hieß es entweder: »Mir fehlt einfach die Zeit dazu« oder aber: »Ich weiß gar nicht, wo ich da anfangen soll«.

Wenn Sie mit der veganen Ernährung bereits gut vertraut sind, werden Sie ganz bestimmt einige Informationen auf den folgenden Seiten finden, die für Sie bereits selbstverständlich sind. Doch für alle anderen, die es mal mit der veganen Ernährung probieren wollen, sind diese Tipps sicher ziemlich hilfreich. Aber was sind denn nun eigentlich die größten Hürden, denen man begegnet, wenn man sich im Berufsalltag gesund vegan ernähren möchte? Folgende Fragen stellen sich ganz sicher viele Menschen immer wieder aufs Neue:

- Wie bereite ich mir morgens ein schnelles Frühstück zu, das ich entweder zu Hause, unterwegs oder später im Büro verzehren kann?
- Was kann ich mir zu Hause für das Mittagessen vorbereiten – am besten am Vorabend, da es morgens doch meist eilt – und gut mit ins Büro nehmen?
- Was, wenn ich es nicht geschafft habe, mir morgens etwas einzupacken? Kann ich trotzdem noch mit den Kollegen in einem Imbiss oder Restaurant essen gehen und werde ich dort auch fündig?
- Was, wenn auch dazu keine Zeit ist und ich mich unterwegs auf die Schnelle versorgen muss?
- Wie schaffe ich es, mich auf Geschäftsreisen, bei ganztägigen Veranstaltungen oder auf mehrtägigen Seminaren vegan und gesund zu ernähren?
- Was kann ich abends noch essen, wenn ich so müde vom Arbeitstag bin, dass ich keine Lust mehr habe, noch groß zu kochen?

GUT GEPLANT IST SCHON FAST GESUND

All diese Fragen sind völlig naheliegend und gut nachvollziehbar, und auch ich persönlich kenne solche Situationen nur allzu gut. Nicht jeder Arbeitsplatz bietet eine tolle Kantine mit wunderbar vielfältigem Salatbüfett oder gar veganen Gerichten zur Auswahl, und kaum ein Büro liegt in der Nähe eines veganen Restaurants. Und wer nicht das Glück hat, nach der Arbeit zu Hause mit einem köstlichen Essen empfangen zu werden, der muss selber ran an den Herd. Ob dieser dann dazu benutzt wird, schnell eine Fertigpizza zu backen oder eine frische Mahlzeit zuzubereiten, das hängt sehr häufig einfach davon ab, ob man ein paar einfache Rezepte kennt und das Nötige im Vorratsschrank hat – denn dann gibt es ja quasi keine Ausrede mehr.

Abgesehen von solchen spontanen Kochaktionen ist es besonders im Hinblick auf die Mittagspause sehr hilfreich, viele Dinge schon am Vortag vorzubereiten, größere Mengen vorzukochen und vielleicht sogar einen Teil einzufrieren sowie sich mit den wichtigsten Lebensmitteln zu bevorraten. Außerdem ist es hilfreich, wenn man weiß, welche Küchengeräte die Zubereitungszeit deutlich verkürzen und wie man frische Lebensmittel richtig lagert, denn Lebensmittel wegzuwerfen ist mehr als schade.

Am Anfang aber steht stets der Einkauf. Gerade Neu-Veganer werden sich sicherlich fragen, wo man denn dieses ganze abgefahrene Veganer-Food her bekommt, wenn man nicht gerade in einer Stadt wie Berlin lebt, in der es bereits zwei Filialen der veganen Supermarktkette Veganz mit einem rein pflanzlichen Angebot gibt, das keine Wünsche offenlässt.

VEGANE LEBENSMITTEL EINKAUFEN

Die erste gute Nachricht ist: Man braucht gar keine speziellen veganen Produkte, es sei denn, man möchte unbedingt mal vegane Shrimps und veganes Cordon bleu oder rein pflanzlichen Streichkäse ausprobieren – was natürlich auch völlig in Ordnung ist, wenn auch häufig nicht besonders gesund. Eine ausgewogene vegane Ernährungsweise setzt sich aus Lebensmitteln zusammen, die sowieso rein pflanzlich und eigentlich auch überall erhältlich sind, selbst beim Discounter: frisches Gemüse, Obst, Hülsenfrüchte, Getreide, Nudeln, Brot, Pilze und Sojaprodukte wie Tofu. Das alles natürlich möglichst variantenreich und wenn es geht auch vollwertig (z.B. Vollkornnudeln und Vollkornbrot). Auch gutes Öl, Gewürze, Nüsse, Kerne und Samen (beispielsweise Leinsamen oder Kürbiskerne) gehören in den Einkaufswagen. Viele Menschen – mich eingeschlossen – schwören auf Bio-Qualität beim Einkauf, weil das Gemüse und das Obst nicht chemisch behandelt wurden und keine künstlichen Zusatzstoffe in den Produkten enthalten sein dürfen.

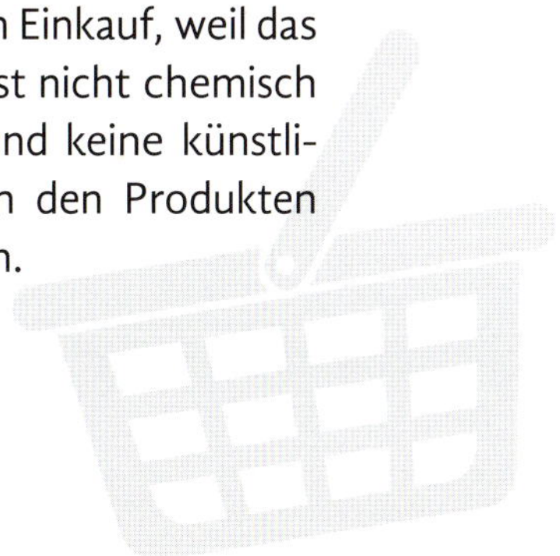

Sie können sich also auch komplett im Supermarkt, im Bio-Laden oder auf dem Wochenmarkt mit allen Basics eindecken, ohne jemals einen veganen Supermarkt aufsuchen zu müssen. Haben Sie aber das Glück, einen solchen in der Nähe zu haben, dürfen Sie sich freuen, denn hier gibt es tatsächlich eine ganze Reihe von Produkten, die Sie im konventionellen Supermarkt (noch) nicht bekommen. Während Pflanzendrinks, Tofu und Sojaschnitzel inzwischen tatsächlich selbst beim Discounter in den Regalen stehen, finden Sie speziellere Produkte wie Seitan, Tempeh, veganen Käse, vegane Müsliriegel oder Superfoods wie Chiasamen oder Matcha-Tee leider bislang nur im veganen Supermarkt oder online, teilweise auch im Bio-Laden. Man braucht diese Produkte nicht zwangsläufig, dennoch gibt es eine ganze Reihe von »Spezialprodukten«, die die vegane Küche noch abwechslungsreicher oder eben einfacher machen.

Wer keinen veganen Supermarkt in der Stadt hat, muss keineswegs verzweifeln, denn Onlineshops wie z.B. alles-vegetarisch.de, Vegan Wonderland oder Veganic liefern bequem alles auch nach Hause, selbst Kühlartikel. Wenn tagsüber niemand zu Hause ist, um ein Paket anzunehmen, kann man auch Pakete an eine Packstation von DHL liefern lassen; dazu muss man sich einmalig unter packstation.de registrieren und kann dann rund um die Uhr Pakete abholen.

Wer im konventionellen Supermarkt nach veganen Produkten Ausschau hält, der wird besonders am Anfang häufig die Inhaltsliste studieren müssen, denn nicht immer ist auf den ersten Blick zu erkennen, ob ein Produkt vegan ist oder nicht. Und selbst nach eingehendem Studium der Inhaltsstoffe bleiben oft Zweifel, denn hinter Zusatzstoffen (E-Nummern) wie z.B. Aromen verbergen sich nicht selten tierische Stoffe. Bei der Herstellung von Lebensmitteln werden außerdem häufig tierische Hilfsstoffe benutzt, z.B. bei der Klärung von Wein oder Säften. Eine einheitliche Deklarierung von veganen Produkten gibt es bislang noch nicht, aber immer mehr Hersteller geben auf der Verpackung inzwischen entsprechende Hinweise – kein Wunder, denn der Markt für vegane Produkte boomt.

WIE GESUND IST VEGANES CONVENIENCE-FOOD?

Nicht nur im Supermarkt um die Ecke, sondern zunehmend auch im veganen Handel findet man vegane Fertiggerichte wie z.B. Suppen, Salate oder TK-Gerichte, die ganz ohne tierische Inhaltsstoffe auskommen. Sie müssen einfach nur erwärmt oder können sogar direkt aus der Verpackung gegessen werden. Neben solchen kompletten Fertigmahlzeiten gibt es eine ganze Menge an Convenience-Produkten, die als Hauptzutat für Gerichte dienen und ebenfalls nur noch erwärmt werden müssen, z.B. Soja-Bolognese, veganes Gyros (in der Regel aus Seitan), Bratlinge, Schnitzel, Gemüse-Tortellini oder Frühlingsrollen.

Sind solche Fertigprodukte ungesund? Diese Frage kann man nicht pauschal beantworten, hier hilft letztlich nur der Blick auf die Inhaltsstoffe. Häufig enthalten die sogenannten Convenience-Produkte z.B. raffinierten Zucker, Weißmehl, einen hohen Gehalt an gesättigten Fettsäuren oder gehärteten Fetten. Auch in Punkto Zusatzstoffe sollte man sehr genau hinschauen. Vegane Fertigprodukte sind also nicht zwangsläufig gesund, da auch sie haltbar gemacht werden und appetitlich aussehen müssen, genau wie nicht-vegane Produkte. Grundsätzlich rate ich auch hier zum Kauf von Bio-Lebensmitteln, da diese keine künstlichen Zusatzstoffe enthalten dürfen.

Ob man nie, gelegentlich oder regelmäßig zu Fertigmahlzeiten greift, muss jeder für sich selbst entscheiden. Mit hoher Wahrscheinlichkeit sind viele solcher Convenience-Produkte immer noch deutlich gesünder als so manches Essen am Imbiss um die Ecke. Für den »Notfall« ist der gelegentliche Kauf auf jeden Fall durchaus anzuraten, wenn es beispielsweise im Büro mal wieder besonders hektisch zugeht und man keine Zeit für ein ausgedehntes Mittagessen findet.

SIND TIEFKÜHLKOST UND KONSERVEN OKAY?

Ist man beruflich sehr eingespannt, fehlt häufig die Zeit oder die Lust, regelmäßig frische Lebensmittel einzukaufen. Obst und Gemüse halten sich meist nur wenige Tage, doch viele Lebensmittel kann man problemlos auf Vorrat kaufen, besonders Tiefkühlobst und -gemüse sowie Konserven. Doch wie sieht es hier mit den Vitaminen aus im Vergleich zu frischer Ware?

Bei Konserven wie Bohnen, Mais oder Erbsen spricht man von Vollkonserven. Diese werden direkt nach der Ernte durch eine Erhitzung auf 120 °C sterilisiert, um den Verderb fördernde Mikroorganismen abzutöten, und anschließend luftdicht verschlossen. Üblicherweise werden keine Zusatzstoffe hinzugefügt, lediglich Zucker, Wasser und Gewürze sind erlaubt, müssen aber deklariert werden. Von Sauerkonserven spricht man bei sauer eingelegtem Gemüse wie Weißkraut, Gurken oder Mixed Pickles. Während Gewürzgurken beispielsweise mit Essig gesäuert werden, passiert dies bei Sauerkraut über eine sogenannte Milchsäuregärung.

Der Begriff »Milchsäure« mag verunsichern. Tatsächlich befindet sich diese Säure in pflanzlichen und tierischen Organismen. Milchsäure ist bei vielen Produkten als Inhaltsstoff aufgelistet, doch diese ist meistens vegan: Bei der milchsauren Vergärung werden Einfachzucker zu Milchsäuren verwertet– von Kuhmilch also weit und breit keine Spur. Aufpassen sollte man allerdings bei Weinsauerkraut, denn der hier zugefügte Wein könnte mit Hilfsstoffen wie Gelatine oder Fischblase geklärt worden sein. Möchte man ganz sichergehen, hilft nur eine Anfrage beim Hersteller.

Konserven halten in der Regel viele Monate oder gar Jahre, durch den Sterilisationsprozess gehen allerdings durchschnittlich rund 50 Prozent der Vitamine verloren. Bei Tiefkühlkost ist die Vitaminbilanz etwas besser, da die erntefrische Ware schnell verarbeitet und nicht erhitzt wird. So enthalten Tiefkühlprodukte oft mehr Vitamine als Frischware, die bereits einige Tage auf dem Buckel hat. Als ökologisch durchaus problematisch ansehen darf man natürlich den höheren Energieverbrauch durch die Tiefkühllagerung. Konserven und TK-Produkte sollten im Fazit nicht grundsätzlich frisches Obst und Gemüse ersetzen, sind aber eine gute Alternative, wenn wirklich mal die Zeit zum Einkaufen fehlt. Ein kleiner Tipp am Rande: Gehen Sie doch am besten morgens auf dem Weg zur Arbeit oder nach Feierabend auf dem Heimweg einkaufen, statt sich samstags in die langen Schlangen gestresster Menschen einzureihen.

DIE LAGERUNG VON LEBENSMITTELN

Kaum etwas ist ärgerlicher, als Lebensmittel wegwerfen zu müssen, weil man doch nicht dazu gekommen ist, sie zu verarbeiten. Gerade Obst und besonders Gemüse halten sich nur kurz und sollten in der Regel nach der Devise »Je frischer, umso besser« verarbeitet werden, da der Vitamingehalt mit jedem Tag abnimmt. Das Thema ist allerdings eine Wissenschaft für sich, zur Lagerung von Lebensmitteln findet man jede Menge – teilweise widersprüchliche – Empfehlungen.

AUGEN AUF BEIM EINKAUF!

Zunächst einmal sollte man schon beim Einkaufen darauf achten, dass die Ware möglichst frisch ist, denn ansonsten nützt auch eine sinnvolle Lagerung zu Hause wenig. Salatblätter sollten nicht schon welk sein, der Brokkoli nicht gelb, und eine Salatgurke sollte sich nicht zu leicht biegen lassen. Umgekehrt sollten Sie natürlich auch darauf achten, dass Südfrüchte wie Bananen oder Ananas schon reif sind, denn diese werden unreif geerntet und sollen während des Schifftransports nachreifen. Viele Früchte wie Avocados, Birnen, Kiwis, Mangos oder Pflaumen reifen tatsächlich auch zu Hause noch nach, andere wie Erdbeeren, Ananas oder Trauben aber normalerweise nicht.

Es gibt so einige Tricks, um den Reifegrad von Obst oder den Frischegrad von Gemüse im Laden festzustellen, beispielsweise das Überprüfen der Schnittstellen und Stiele (sie sollten nicht eingetrocknet und braun sein) oder den Klopftest bei Wassermelonen (sie sollten hohl klingen) oder aber Drucktests bei Avocados oder Ananas. All diese Tricks aufzuzählen würde leider dieses Kapitel sprengen. Es lohnt sich aber, die Internetsuchmaschine zu bemühen, um die beste Ware zu finden.

DIE RICHTIGE LAGERUNG VON FRISCHEM OBST

Hat man schließlich die »Beute« nach Hause befördert, stellt sich die Frage: Wohin nun damit? In erster Linie wird man an den Kühlschrank oder an eine Obst- und Gemüseschale denken, doch welches Produkt ist wo am besten aufgehoben? Zunächst einmal gehört nicht grundsätzlich alles ins Gemüsefach des Kühlschranks. Gera-

de Südfrüchte wie Mangos, Bananen oder Ananas mögen den Kälteschock so gar nicht, denn sie sind in den warmen Tropen herangereift. Man wird daher deutliche Geschmackseinbußen nach einer Lagerung im Kühlschrank feststellen müssen. Wohler fühlen sich Tropenfrüchte in einer Obstschale. Zitrusfrüchte wie Zitronen, Orangen oder Mandarinen allerdings mögen keine allzu hohen Zimmertemperaturen, falls möglich sollte man diese in einer Speisekammer lagern.

Einheimische Obstsorten wie Äpfel, Birnen oder Quitten sind weniger kälteempfindlich und fühlen sich in ungeheizten Räumen wie z. B. einer Speisekammer oder dem Keller mit ausreichender Luftfeuchtigkeit am wohlsten. Gleichwohl kann man sie durchaus auch im Kühlschrank lagern, dann aber am besten im obersten Fach, wo es am wenigsten kalt ist.

Besonders Äpfel, aber auch Birnen, Pfirsiche, Pflaumen oder Nektarinen sollten separat gelagert werden, da sie ein Reifegas (Ethylen) abgeben, das bei manchen daneben liegenden Obst- und Gemüsesorten wie z. B. Avocados, Kiwis, Brokkoli oder Blumenkohl zu einer schnelleren Reifung bzw. Alterung führt. Natürlich kann man diese Tatsache auch ganz gezielt einsetzen, wenn man z. B. möchte, dass eine unreife Avocado schneller nachreift.

Auch Steinobst wie Pfirsiche, Pflaumen oder Zwetschgen sollte möglichst bei Zimmertemperatur gelagert werden, allerdings nicht sehr lange, denn Steinobst verdirbt schnell. Das Gleiche gilt für Beeren: Länger als zwei Tage sollte man diese – ebenso wie Kirschen – nicht lagern. Wenn abzusehen ist, dass die Beeren in den nächsten beiden Tagen nicht verzehrt werden können, friert man diese am besten möglichst schnell ein.

DIE RICHTIGE LAGERUNG VON FRISCHEM GEMÜSE

Was für Obst gilt, ist auch für Gemüse in der Regel richtig. Gemüse aus warmen Gefilden mag keinen kalten Kühlschrank. Deswegen sollten Paprika, Gurken, Auberginen, Kürbisse oder Zucchini nur dort hinein, wenn sie nicht innerhalb von wenigen Tagen verbraucht werden – in diesem Fall ab damit ins Gemüsefach, gerne in Frischhaltefolie eingewickelt. Tomaten allerdings sollten möglichst niemals in den Kühlschrank, denn dort verlieren sie in schnellster Zeit ihr Aroma.

Auch die bei uns häufig verwendeten Lebensmittel Kartoffeln, Zwiebeln und Knoblauch haben nichts im Kühlschrank verloren. Was aber kann man denn überhaupt noch ruhigen Gewissens ins Gemüsefach packen? Tatsächlich gibt es doch noch so einige Gemüsesorten, die es – in Frischhaltefolie oder Kunststoffboxen verpackt – recht kühl mögen: Salate, Busch- und Stangenbohnen, Erbsen, Zuckererbsen, Blattgemüse oder Kräuter, um nur ein paar Beispiele zu nennen.

Ein Tipp noch: Wenn das zu lagernde Gemüse von sich aus nicht so feucht ist, wie es beispielsweise Spinat oder Kopfsalate in der Regel sind, so kann ein feuchtes Küchenpapier mit in die Frischhaltefolie oder in die Aufbewahrungsbox gegeben werden.

Auch Wurzelgemüse, Spargel und so manches Kohlgemüse darf ähnlich gut verpackt wie oben beschrieben in den Kühlschrank. Sandige Möhren sollten vorher gebürstet werden (da der Sand Feuchtigkeit entzieht), Möhren- oder Radieschengrün sollte zu Hause umgehend entfernt werden, da es ebenfalls Feuchtigkeit zieht. Beides kann man übrigens wunderbar in grünen Smoothies oder leckeren Pestos verarbeiten, da sie voller Vitamine stecken und zudem schön mild schmecken.

EINFRIEREN – AUFBEWAHREN MIT WENIG VITAMINVERLUST

Trotz eines aufmerksamen Auges beim Einkaufen und einer guten Lagerung kann es passieren, dass man doch einmal zu optimistisch ins Gemüse- oder Obstregal gegriffen hat und nun befürchtet, dass das eine oder andere zu verderben droht. Glücklicherweise kann man vieles gut einfrieren oder auch dörren.

Gemüse kann fast ausnahmslos gut eingefroren werden – nicht geeignet sind u.a. Tomaten, Blattsalate und Zwiebeln. Dazu sollte man das Gemüse klein schneiden und kurz blanchieren, also in kochendem Salzwasser für wenige Minuten garen. Anschließend kurz mit kaltem Wasser abschrecken, trockentupfen und in geeigneten Portionen und Behältnissen ins Gefrierfach geben. Kräuter sollten kurz abgespült, dann klein gehackt und in Gefrierbeuteln aufbewahrt werden. Ein toller Tipp ist es, die gehackten Kräuter in Eiswürfelbehälter zu geben und diese mit Wasser aufzufüllen, bevor man sie ins Gefrierfach stellt.

Auch Obst sollte vor dem Einfrieren gewaschen und klein geschnitten, Steinobst entkernt werden. Bei sehr wasserhaltigen Obstsorten sollte man aber beachten, dass diese nach dem Auftauen in der Regel recht matschig sind, Beeren beispielsweise. Hier ist zu überlegen, ob man nicht besser vor dem Einfrieren ein Fruchtpüree herstellt oder die Früchte gleich einkocht. TK-Beeren aus dem Supermarkt sind übrigens nicht matschig, weil sie schockgefrostet wurden. Je länger der Prozess des Einfrierens an sich dauert – wie eben in unseren heimischen Gefrierfächern –, umso mehr Eiskristalle entstehen. Und diese können die Zellstruktur des Gefrierguts aufbrechen, wodurch das Obst matschiger wird. Bei mir landen regelmäßig in Scheiben geschnittene Bananen im Gefrierfach, da sie eine wunderbare Grundlage für rohköstliches Eis darstellen. Außerdem lagern stets gefrorene Beeren und Kräuter dort. Auch Backwaren, besonders Brot, lassen sich in der Regel gut einfrieren.

Naturtofu sollte – einmal geöffnet – möglichst innerhalb von drei bis vier Tagen aufgebraucht werden. Am besten hält er sich in einer Schüssel mit Wasser, das bestenfalls einmal täglich erneuert wird. Sobald Tofu einen unangenehmen Geruch entwickelt, sollte er nicht mehr verwendet werden. Räuchertofu kann mit Folie bedeckt im Kühlschrank aufbewahrt werden, er hält sich durch den Räucherprozess etwas länger als Naturtofu. Zum Einfrieren eignet sich Tofu nur bedingt, da die Konsistenz nach dem Auftauen doch recht bröckelig ist. Für einen Rührtofu oder als Grundlage für eine Bolognese-Sauce taugt aufgetauter Tofu aber allemal. Selbst gemachter Seitan hält sich am besten in der beim Kochen verwendeten Brühe in einem geschlossenen Behälter. Zum Einfrie-

ren eignet sich Seitan ziemlich gut, die Konsistenz verändert sich kaum. Auch Tempeh hält sich, sobald die Verpackung geöffnet wurde, nur wenige Tage, lässt sich aber ebenfalls gut einfrieren.

DÖRREN – SUPERSNACK TROCKENOBST

Eine andere ganz wunderbare Art des Haltbarmachens von Obst ist das Trocknen, das Dörren. Wer greift nicht gerne zu Rosinen, Datteln, getrockneten Apfelringen oder Mangoscheiben? Vieles davon können Sie auch selbst herstellen: Äpfel, Birnen, Bananen, Mangos, Erdbeeren, Kirschen und viele andere Obstsorten lassen sich gut zu Trockenobst verarbeiten, das sich quasi ewig hält – und zudem eine gesunde Nervennahrung für unterwegs oder fürs Büro ist.

Am einfachsten geht das Dörren mit einem professionellen Dörrgerät, doch der Backofen tut es auch. Schneiden Sie dazu das gewaschene, gegebenenfalls entkernte Obst mit Schale (falls verzehrbar) in mundgerechte Stücke und legen Sie diese auf ein mit Backpapier belegtes Blech. Lassen Sie das Obst im Ofen auf kleinster Stufe (50–75 °C) für einige Stunden dörren. Die Backofentür sollte einen Spalt offen sein, damit die Feuchtigkeit entweichen kann; dazu einfach einen Holzlöffel zwischen Ofentür und Ofen klemmen. Natürlich ist diese Dörrmethode nicht sonderlich energieeffizient, aber wohl immer noch besser, als das Obst wegzuwerfen. Wenn Sie ein großer Fan von Dörrobst oder Grünkohlchips sind, so lohnt sich irgendwann die Anschaffung eines deutlich energieeffizienteren Dörrautomaten. Trockenobst ist ein super Snack für unterwegs!

EFFIZIENTER KOCHEN

Falls beim Lesen der letzten Absätze nun der Eindruck entstanden ist, im Alltag vegan und gesund zu essen sei doch ziemlich kompliziert – keine Angst! Man muss das alles nicht zwangsläufig beachten, es handelt sich lediglich um Tipps, wie man verhindern kann, Lebensmittel wegwerfen zu müssen – was dann nämlich bedeutet, häufiger einkaufen zu müssen. Im Folgenden nun einige Tipps, wie man den Prozess des Kochens an sich noch effizienter gestalten kann und damit Zeit einspart.

GRÖSSERE MENGEN VORKOCHEN

Natürlich ein naheliegender Tipp: Kochen Sie größere Portionen vor und frieren Sie diese ein. Es kostet kaum mehr Zeit, gleich größere Portionen eines Chili sin Carne, eines Eintopfs oder einer veganen Bolognese-Sauce herzustellen und einen Teil davon nach dem Abkühlen portionsweise einzufrieren. So hat man stets entweder eine leckere Mahlzeit in Minutenschnelle auf dem Teller oder zumindest den aufwendigsten Teil eines Gerichts bereits fertig. Man kocht sich beispielsweise noch ein paar Nudeln oder Reis dazu, und schon steht das Abendessen auf dem Tisch. Vor dem Einfrieren sollte das Essen aber erst ganz abkühlen, noch warme Gerichte sollten nicht in den Kühlschrank gegeben werden. Bei manchen Gerichten empfiehlt es sich, nach dem Auftauen noch einmal nachzuwürzen, da sie durch das Einfrieren an Würze verlieren können.

Wer an seiner Arbeitsstelle die Gelegenheit hat, Essen aufzuwärmen, kann sich so auch ohne Vorbereitung etwas mitnehmen. Am besten am Vorabend bereits die Vorratsdose vom Tiefkühlfach in den Kühlschrank verfrachten.

Größere Mengen vorzukochen und einen Teil einzufrieren spart sehr viel Zeit; außerdem hat man immer etwas vorrätig, wenn man gerade keine Lust hat, für das Mittagessen etwas vorzubereiten oder abends noch Gemüse zu schnippeln. Auch selbst gemachte Salatdressings, Marinaden und Gemüsebrühe kann man gut einige Tage im Kühlschrank aufbewahren.

VORRÄTE ANLEGEN UND »SCHNELLE« LEBENSMITTEL VERWENDEN

Ärgerlich, wenn man für eine einzige Zutat, die man unbedingt für ein bestimmtes Gericht braucht, noch mal zum Supermarkt muss. Das kostet eine Menge Zeit. Bevorraten ist daher ein weiterer simpler, aber guter Tipp. Das funktioniert natürlich nicht oder nur bedingt mit frischer Ware, aber man kann dafür Sorge tragen, dass alles, was häufiger im Kochtopf landet, stets vorhanden ist. Nudeln, Reis, Getreide, Mehl, Hülsenfrüchte, Dosentomaten, Gewürze, TK-Blätterteig, veganes Pesto und einige andere gut haltbare Lebensmittel sollte man stets zu Hause haben, um auch spontan immer etwas kochen zu können. Wer TK-Gemüse und -obst im Haus hat, spart sich die Zeit für das Waschen, Putzen und Schnippeln. In den Supermarktregalen findet man zudem schnell kochende Hülsenfrüchte wie Linsen und Getreide sowie Reis oder Hirse, die nur 15 Minuten brauchen, bis sie gar sind. Einen Überblick darüber, was ein veganer Vorratsschrank immer enthalten sollte, finden Sie im Anhang (siehe S. 134-135).

KEINE ZEIT BEIM KOCHEN VERLIEREN

Einige weitere naheliegende Tipps helfen dabei, noch effizienter in der Küche zu werkeln. Zunächst einmal hilft eine gewisse Ordnung in der Küche. Wer erst lange nach Zutaten oder Küchenhelfern suchen muss, verliert schnell die Lust am Kochen. Regelmäßig benutzte Gerätschaften sollten genauso wie die wichtigsten Grundzutaten griffbereit sein, übervolle Küchenregale dürfen ruhig einmal entrümpelt werden. Wird nach Rezept gekocht, so hilft es, das Rezept einmal vorher komplett aufmerksam durchzulesen. So weiß man auch, wann es Wartezeiten in der Zubereitung gibt, die sinnvoll genutzt werden können – beispielsweise die Sauce zubereiten, während die Nudeln gar kochen. Zudem sollte man vor dem Kochen überprüfen, ob alle Zutaten vorrätig sind oder diese durch Alternativen ersetzt werden können. Stellen Sie die Zutaten und Küchengeräte bereit, bevor Sie mit dem Kochen beginnen. Das hilft, Pannen beim Kochen zu vermeiden, etwa dann, wenn man so lange nach einer fehlenden Zutat sucht, dass der Rest in der Pfanne bereits anbrennt.

Wasser kann im Wasserkocher zum Kochen gebracht und dann in einen Topf umgefüllt werden, um Nudeln oder Reis zu kochen. Klein geschnittenes Gemüse oder Kartoffeln garen deutlich schneller als im Ganzen ge-

kochte Zutaten, und beim Kochen sollte nach Möglichkeit der Deckel auf den Topf. Nicht jedem liegt das, aber eine Wochenplanung kann ebenfalls sehr dabei helfen, gezielter einzukaufen und zu kochen, sodass man nicht abends ideen- oder zutatenlos in der Küche steht. Einige Anregungen bietet der Anhang dieses Buchs (siehe S. 132f.).

Nicht immer hat man Lust, erst noch ein Rezept herauszusuchen und streng danach zu kochen. In solchen Augenblicken helfen Blitzrezepte wie Suppen, Gemüsepfannen oder Backofengemüse, die einfach immer wieder variiert werden können, je nachdem, was die Gemüseschale oder der Kühlschrank bietet. In solchen Gerichten kann man außerdem hervorragend Gemüsereste verwerten. Als Grundlage für eine schnelle Gemüsesuppe sollte man stets Konserven mit gehackten Tomaten im Haus haben, und natürlich auch Gemüsebrühe. Gemüsepfannen können ganz simpel mit Sojasauce verfeinert werden, und für das Backofengemüse lässt sich aus Sojajoghurt und Kräutern ein Quick-Dip herstellen. Überhaupt sollte man sich auch nicht sklavisch an Rezepte halten, denn viele können ebenfalls immer wieder aufs Neue variiert werden. Nur Mut, denn nur durch Experimentieren lernt man am Ende des Tages wirklich zu kochen!

ZEITSPARENDE KÜCHENHELFER – DIE GRUNDAUSSTATTUNG

Es gibt Puristen, die nicht mehr als ein bis zwei gute Messer, einen ordentlichen Topf und eine Pfanne benutzen. Und dann gibt es Menschen, die haben quasi für jeden Handgriff in der Küche ein Küchenwerkzeug. Ganz egal, in welche Richtung man tendiert, ein paar Küchenhelfer machen das Kochen in jedem Fall leichter. Die Anschaffung von zwei guten Messern – ein größeres Allround-Messer und ein Gemüsemesser –, ein bis zwei Schneidebrettern (ich bevorzuge Holzschneidebretter) und einem guten Gemüseschäler sind unerlässlich. Gerade bei solchen Werkzeugen, die man täglich benutzt, sollte man auf gute Qualität achten, denn nichts ist ärgerlicher als ein schlecht funktionierender Gemüseschäler oder ein zu stumpfes Messer – das kostet Zeit und Nerven.

Wer oft Kräuter, Zwiebeln oder eben auch Gemüse hackt, für den dürfte sich die Anschaffung eines sogenannten Blitzhackers lohnen, entweder elektrisch oder handbetrieben. Ebenfalls unerlässlich ist die Anschaffung zwei bis drei guter Töpfe in verschiedenen Größen und einer hohen beschichteten Pfanne, eventuell auch eines Woks. Ein Schnellkochtopf spart nicht nur Energie, sondern auch Zeit, außerdem kann man Gemüse in einem solchen Topf, der stets mit dem Deckel verwendet wird, schonender garen. Wer häufig Reis isst, sollte mit der Anschaffung eines Reiskochers liebäugeln, denn in einem solchen kocht sich der Reis quasi von alleine und ohne Anbrenngefahr.

Für mich unerlässlich bei den Küchen-Basics sind außerdem eine Küchenwaage, ein Messbecher, ein Schneebesen, ein Pfannenwender, eine Schöpfkelle, ein Sieb, eine Rührschüssel, eine Pfeffermühle sowie ein Reibeisen. Für das Pürieren von Suppen und die Herstellung von Pasten, Desserts oder Pestos ist ein guter Stabmixer wichtig.

ZEITSPARENDE KÜCHENHELFER – DIE KÜR

Abgesehen von diesen Basics gibt es eine ganze Reihe weiterer Küchenhelfer, die auch beim Zeitsparen helfen. Unverzichtbar ist für mich ein Hochleistungsmixer geworden, nicht nur für die Herstellung köstlicher Smoothies am Morgen, sondern auch für Pestos und Pasten, Eis, Hummus oder sogar schnelle Suppen. Der Preis eines solchen Gerätes (ab ca. 300 Euro) schreckt natürlich zunächst einmal ab, doch die Anschaffung lohnt sich, denn sie erleichtert nicht nur so manche Arbeitsschritte, sondern erweitert den Speiseplan ungemein. Vergleicht man einen grünen Smoothie, der in einem leistungsfähigen Mixer wie dem Vitamix gemacht wurde, mit einem solchen, den man mit einem Pürierstab gemacht hat, so reicht ein Schluck, um den Unterschied festzustellen. Profimixer verpassen dem Smoothie eine feine Konsistenz ohne »Bröckchen«, zudem sorgen sie dafür, dass die Zellwände von Blattgemüse aufgebrochen werden und man so alle enthaltenen Nährstoffe zu sich nimmt. Hochleistungsmixer sind also eine Anschaffung, die sich auszahlt, und ich kenne einige Menschen, die als einziges Küchengerät einen solchen Mixer auf eine einsame Insel mitnehmen würden. Hoffen wir mal, dass es dann dort auch Strom gibt.

Eine günstige Alternative zu den großen Hochleistungsmixern stellt der Personal Blender (beispielsweise bei Keimling.de erhältlich) dar, mit dem man gute Ergebnisse bei der Zubereitung von Smoothies oder dem Zerkleinern von Nüssen erzielt. Der Vorteil des Geräts ist die geringe Größe, man könnte es auch gut mit ins Büro nehmen. Außerdem sind die Mixbehälter gleichzeitig Transportbehälter, wenn man einen Deckel auflegt.

Smoothies sind ein perfektes Frühstück, auch zum Mitnehmen ins Büro oder für unterwegs. Sie sind nicht nur schnell gemacht – denn das Kleinschneiden der Zutaten übernimmt der

Mixer –, sondern auch noch wahnsinnig gesund und sättigend. Gerade grüne Smoothies bieten eine geballte Vitaminzufuhr, zudem kann man seinen Smoothie täglich variieren, damit es nicht langweilig wird. Außerdem kann man wunderbar auch solches Obst oder Blattgemüse – etwa Spinat, Mangold oder Grünkohl – verwerten, das seine besten Tage bald hinter sich hat. Als Transportbehälter für Smoothies eignen sich übrigens Schraubverschlussgläser ganz hervorragend. Eine gute und haltbare Ergänzung zu frischen Zutaten für Smoothies sind trockene Smoothie-Zutaten von Lebepur, die getrocknetes und gemahlenes Obst in wiederverschließbaren Beuteln anbieten, darunter z. B. Weizengras, rote Banane und Sellerie.

FÜR PROFIS UND ENTHUSIASTEN

Für Saft-Enthusiasten gibt es Profigeräte, die aus frischen Früchten schonend und effektiv eigene Saftkreationen schaffen. Im Gegensatz zu Smoothies enthalten Säfte keine Ballaststoffe, da hier nicht die komplette Frucht verwendet, sondern nur der Saft ausgepresst wird. Das hat Vor- und Nachteile: Säfte eignen sich besser als Entgiftungsbegleiter und bieten geballte Nährstoffe, ohne den Körper zu belasten, während Smoothies eine

sättigende Wirkung haben. Wer sich nur hin und wieder einen Saft gönnt, für den wird sich die Anschaffung einer Profi-Saftpresse kaum lohnen, eher schon die eines guten Mixers. Ähnliches gilt für die bereits angesprochenen Dörrgeräte, denn diese kosten ähnlich wie gute Saftpressen 300 Euro oder mehr.

Für die Herstellung von Pflanzendrinks aus beispielsweise Soja, Reis, Mandeln oder Haselnüssen gibt es ebenfalls Spezialgeräte wie den Vegan Star Vital oder die Soyabella, aber das kann man auch mit einem Mixer oder Pürierstab sowie einem feinen Tuch zum Filtern erledigen – das ist nur etwas aufwendiger. Schneller geht natürlich der Kauf fertiger Pflanzendrinks, die Auswahl ist gerade im Bio-Laden oder Reformhaus inzwischen riesig und abwechslungsreich.

Gar nicht teuer, aber sehr sinnvoll sind Sprossengläser zur eigenen Zucht von Sprossen, die nicht nur wahre Vitaminbomben sind, sondern sich hervorragend auf Sandwiches oder Salaten machen. Sie erhalten sie ebenfalls im Bio-Laden, die Handhabung ist kinderleicht. Für Fans von Gemüsespaghetti, beispielsweise aus Zucchini, lohnt sich der Kauf eines Spiralschneiders. Gemüsespaghetti mit Pesto sind eine superschnelle Mahlzeit, die man auch wunderbar mit ins Büro nehmen kann, das Pesto allerdings getrennt in einem Extraglas. Wer nicht allzu tief ins Portemonnaie greifen will, für den ist die Anschaffung einer Multi-Küchenmaschine vielleicht die beste Wahl, da solche Geräte eine ganze Reihe von Funktionen haben: Zerkleinern und Hacken, Kneten, Pürieren, Schneiden, Raspeln, Aufschlagen und vieles mehr.

Bei Mikrowellengeräten gehen die Meinungen weit auseinander. Wer nichts gegen sie hat, spart mit diesem Gerät eine Menge Zeit beim Auftauen und Erwärmen von Speisen. Vielleicht passt eine Spülmaschine nicht so ganz in die vorangehende Aufzählung und doch ist sie ein Gerät, das wahrlich viel Zeit spart – und wer hat schon wirklich Freude am Spülen?

UNTERWEGS VEGAN ESSEN

Ganz klar: In dem Augenblick, in dem man die eigenen vier Wände verlässt, wird es deutlich schwieriger mit der gesunden veganen Ernährung. Doch ohne eigenen Kühlschrank und Herd zu sein bedeutet nicht, dass man sich ausschließlich von Fast Food ernähren muss. Viele Gerichte, die man zu Hause vorbereiten kann, eignen sich zum Mitnehmen und damit zum Verzehr unterwegs oder am Arbeitsplatz.

ESSEN TRANSPORTIEREN

Je nach Gericht eignen sich ganz unterschiedliche Transportbehältnisse. Für belegte Brote oder Sandwiches kann man natürlich den Klassiker, die Brotbox, benutzen, die es aus Plastik oder Metall zu kaufen gibt. Selbstverständlich kann man auch andere Gerichte in einer solchen Box transportieren. Tolle Produkte für den Transport von Sandwiches und weiteren Lebensmitteln bietet das Unternehmen Roll'eat, etwa den Boc'n roll, mit dem nicht nur belegte Brote transportiert werden können, sondern der gleichzeitig als Unterlage zum Essen oder zum Brötchenschmieren unterwegs dient. Es ist erstaunlich, was für interessante und innovative neue Produkte abseits vom Henkelmann und der Brotbox inzwischen auf dem Markt sind, beispielsweise mehrteilige Lunchboxen vom Hersteller Ecobox.

Viele verpacken ihren Proviant einfach in Alufolie, die durch strammes Einpacken nicht nur Brote gut in Form hält. Im Hinblick auf die Umwelt ist Alufolie durchaus umstritten, allerdings gibt es inzwischen auch Recycling-Alufolie, zu der man beruhigt greifen kann. In Alufolie verpackte Speisen sollten vor dem Erwärmen, z. B. in der Mikrowelle, unbedingt von der Folie befreit werden. Häufig benutzt werden auch Frischhaltefolie, Zip-Beutel oder Sandwichbeutel und ähnliche Produkte. Grundsätzlich umweltfreundlicher sind auf Dauer aber sicherlich Mehrwegverpackungen.

Sinnvoll ist auf jeden Fall die Anschaffung von Besteck für unterwegs. Hier gibt es beispielsweise leichte Varianten aus Kunststoff, die sogar gleichzeitig Messer, Gabel und Löffel sind und immer wieder verwendet werden können. Wer Plastik generell nicht mag, bekommt auch Produkte aus Naturholz oder Bambus, die kompostier- und recyclebar sind. Beim Kauf von Einweggeschirr und -besteck kann man zudem auf die nachhaltigeren Varianten aus recyclefähigem Bio-Plastik, Papierfasern oder Zuckerrohr zurückgreifen.

Die Menge der Einwegbecher, die jeden Tag für den Kaffee unterwegs produziert und entsorgt werden, ist gigantisch. Deutlich umweltfreundlicher ist die Anschaffung eines verschließbaren Bechers, der immer wieder benutzt werden kann, z. B. die Keepcups, die nicht nur eine nachhaltige Alternative zu Wegwerfbechern darstellen, sondern auch noch in vielen Farben und Größen erhältlich sind. Nicht nur für den Smoothie unterwegs eignen sich solche Becher, sondern auch im Café des Vertrauens wird man das gewünschte Heißgetränk gerne umweltfreundlicher in den mitgebrachten Becher to go schütten.

Für den Transport von Smoothies, Suppen und vielen anderen Gerichten eignen sich auch leere Einweggläser ganz wunderbar, die so noch einmal eine neue Bestimmung erhalten.

Für das Mitnehmen ganzer Mahlzeiten gibt es eine Unmenge an Varianten in den verschiedensten Größen und aus den unterschiedlichsten Materialien. Wer einmal in Indien war, wird die Dabbas kennen, mehrstöckige Behälter aus Edelstahl, in denen die einzelnen Komponenten des Essens getrennt voneinander transportiert werden. So matscht beispielsweise eine Sauce das restliche Essen noch nicht durch, sondern kann erst unmittelbar vor dem Verzehr dazugegeben werden. Dieses Pendant zum Henkelmann bekommt man auch hierzulande, ebenso wie den deutschen Klassiker, der in den 1950er- und 1960er-Jahren weit verbreitet war. Auch heute noch gibt es ihn, inzwischen in vielen Varianten.

Die Vielfalt an Lunch-Boxen ist mittlerweile sehr groß, es gibt sogar ganze Systeme, die man immer wieder erweitern kann. Beliebt sind beispielsweise solche aus BPA-freiem Kunststoff wie die von monbento, die man mit einer Art Baukastensystem je nach Bedarf unterteilen und stapeln kann. Sie können sogar zum Erwärmen direkt in die Mikrowelle gestellt werden. Oder aber man kauft einfach ein Sortiment an verschließbaren Kunststoffdosen, sollte aber auch hier darauf achten, dass diese BPA-frei sind, da Bisphenol A (kurz: BPA) in Verdacht steht, krebserregend zu sein. Praktische, schadstofffreie Transportbehältnisse gibt es z. B. von der Firma Ecobrotbox, von der klassischen Brotbox bis zur Lunchbox mit mehreren Fächern.

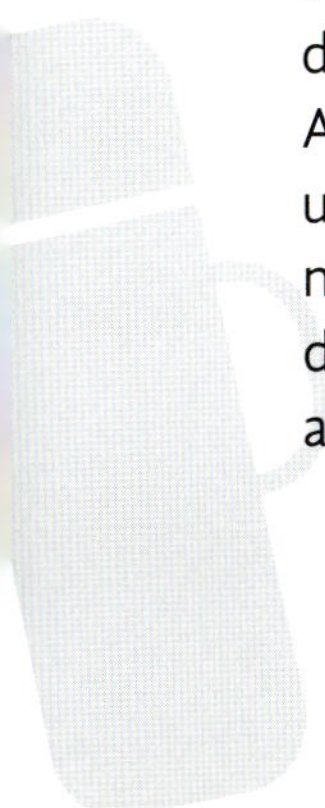

THERMOBEHÄLTER – HIER BLEIBT ALLES WARM

Wer keine Möglichkeit hat, das Essen am Arbeitsplatz aufzuwärmen, auf eine warme Mahlzeit aber nicht verzichten möchte, sollte sich einmal das reichhaltige Angebot an Thermobehältern anschauen. Während man Suppen auch einfach in Thermoskannen warm halten kann, ist die schmale Öffnung solcher Kannen bei anderen Gerichten kaum geeignet. Doch es gibt entsprechende Behälter, die nach dem gleichen Prinzip funktionieren, nur eben mit einer großen Öffnung, sodass man auch direkt aus diesen essen kann, wenn man mag (z. B. von Thermos oder Lunchbots). Optimalerweise sollte man Thermobehälter vor der Benutzung mit heißem Wasser anwärmen, dann halten die Speisen später auch länger warm.

Übrigens sind Thermobehälter nicht nur dafür geeignet, Speisen warm zu halten, sondern auch dazu, diese möglichst kalt zu halten – beides funktioniert gut. Sogar Thermo-Lunchboxen mit eingelassenen Tellern aus Porzellan findet man im Handel, die Vielfalt ist also gewaltig.

Generell ist immer vor dem Bestücken der Behälter zu überlegen, ob das jeweilige Gericht in einem einzigen Behälter transportiert werden kann oder ob flüssige Komponenten wie Saucen, Mayo oder Dressings bis zum Mittagessen dafür sorgen, dass alles durchweicht ist. Solche sollten dann besser in getrennten Behältern transportiert und erst unmittelbar vor dem Essen dazugegeben werden. Ein weiterer Tipp: Sollen Sandwiches oder andere Gerichte bis zum Mittag kühl und frisch gehalten werden, so helfen ein Kühlakku oder eine mit Wasser gefüllte, über Nacht im Kühlfach gelagerte Trinkflasche (nicht aus Glas) dabei. Zu überlegen ist ansonsten auch die Anschaffung einer handlichen Kühltasche, z. B. eines Thermobeutels, den es in Supermärkten meist an der Kasse zu kaufen gibt.

UNVORBEREITET UNTERWEGS?

Wenn man es einmal nicht schafft, sein Mittagessen oder den Snack für unterwegs vorzubereiten, muss man trotzdem nicht mit knurrendem Magen und schlechter Laune den Tag irgendwie rumkriegen und den Kollegen gierig auf die Stulle schauen. Jeder Supermarkt bietet eine große Auswahl an Obst und Gemüse, das man auch roh essen kann. Wer aber bisweilen nicht so gerne Möhren oder Äpfel knabbert, findet dort auch ohne Probleme herzhafte und süße Brotaufstriche, Erdnussbutter, Studentenfutter, Trockenobst oder süße vegane Knabbereien. Interessant ist das Angebot des Onlineshops vegangeeks.de, der sich auf Snacks für unterwegs wie Riegel und Nuss-Obst-Mischungen spezialisiert hat; diese eignen sich auch gut als Notration im Büro.

In vielen Supermärkten erhält man inzwischen auch Sojajoghurts oder -puddings, die man prima unterwegs verputzen kann. Bio-Läden, Reformhäuser und vegane Läden bieten natürlich noch viele weitere Produkte, die man spontan kaufen und verzehren kann. Immer häufiger findet man Saftbars, die vegane Säfte und Smoothies anbieten, und selbst die großen Fast-Food- und Bäckerei-Ketten bieten zunehmend klar deklarierte vegane Sandwiches und mehr an. Übrigens enthalten viele Backwaren offensichtliche oder versteckte tierische Inhaltsstoffe, auch hier hilft nur die Nachfrage beim Personal.

Zugegeben: Es ist natürlich deutlich einfacher, unterwegs spontan etwas Essbares zu kaufen, das nicht vegan und gesund ist. Glücklicherweise stellen sich aber Gastronomie und

Einzelhandel immer stärker auf die steigende Nachfrage nach veganen Produkten ein.

MITTAGESSEN IM RESTAURANT ODER IN DER KANTINE

Die Mittagspause an der Arbeitsstelle verbringen die meisten Menschen wohl in der Kantine, falls vorhanden, oder sie besuchen eine gastronomische Einrichtung in der Nähe. Es sei denn, man hat sich etwas zum Essen mitgebracht. Statt das Mitgebrachte aber quasi nebenbei beim Arbeiten zu verzehren, sollte man sich möglichst die Zeit für eine echte Pause nehmen, um die zweite Tageshälfte gestärkt und ein wenig entspannt zu beginnen. Bei der Suche nach Restaurants und Imbissen mit veganem Angebot helfen Internetseiten wie die VEBU Restaurantsuche oder Smartphone-Apps wie Happy Cow. Trotz der steigenden Anzahl an entsprechenden Locations werden die meisten wohl kaum im näheren Umfeld zur Arbeitsstelle fündig werden. Besonders aber, wenn man Wert darauf legt, die Mittagspause mit Kolleginnen und Kollegen zu verbringen, ist man vermutlich darauf angewiesen, in konventionellen Restaurants essen zu gehen, da die anderen Kolleginnen und Kollegen vielleicht nicht unbedingt bereit sind,

mit in das abgefahrene neue Rohkostrestaurant zu kommen. Doch keine Angst, auch in konventionellen Locations muss man sich nicht mit einem Glas Leitungswasser begnügen, denn in so gut wie jedem Restaurant findet man Gerichte ohne Tierisches auf der Karte oder kann sich diese leicht veganisieren lassen, indem man beispielsweise einen Salat oder vegetarische Nudeln ohne Käse bestellt.

Am einfachsten klappt das in asiatischen Restaurants, denn viele vietnamesische, indische, japanische und thailändische Gerichte sind traditionellerweise vegan oder zumindest vegetarisch und können leicht veganisiert werden. Gerichte mit Tofu statt mit Hühnchen- oder Schweinefleisch werden hier ganz selbstverständlich angeboten. Acht geben sollte man darauf, ob Fischsauce, Sahne, Butter, Joghurt oder Ghee (Butterschmalz) enthalten ist, bei den Nudeln darf man ruhig mal nachfragen, ob diese ohne Eier zubereitet wurden. Manch asiatischer Imbiss streckt leider »heimlich« die Kokosmilch mit der ungleich günstigeren Kuhmilch, auch da dürfen Sie ruhig nachfragen. Auch Sushi bekommt man in der Regel in veganen Varianten, etwa mit Avocado.

In italienischen Restaurants kann man natürlich ganz einfach Pizza ohne Käse bestellen, dafür mit extra Tomatensauce und Oregano, ganz nach persönlichem Geschmack. Eine gut gemachte Pizza schmeckt wirklich auch ohne Käse. Nachfragen sollte man allerdings, ob der Pizzateig ohne Eier und Milch auskommt; nicht alle Pizzabäcker halten sich an die traditionelle italienische (vegane) Rezeptur, die lediglich aus Mehl, Wasser, Hefe und Salz besteht. Türkische oder libanesische Häuser bieten Gerichte wie Falafel (ohne Joghurtsauce) und Couscoussalat, auch hier wird man eigentlich immer fündig.

Tatsächlich bekommt man fast überall Gerichte ohne tierische Inhaltsstoffe, wenn man einfach mal freundlich nachfragt, was auf der Karte denn vegan ist. Sehr entgegenkommende Gastgeber bieten dann oft auch an, etwas Veganes zuzubereiten, was nicht auf der Karte zu finden ist. Häufig ist es auch ganz simpel, die tierischen Produkte aus den Gerichten einfach wegzulassen. Wenn man den Eindruck hat, dass der Betreiber oder das Servicepersonal mit dem Begriff »vegan« nicht so wirklich etwas anfangen kann, zählt man einfach auf, was weggelassen werden soll. Die gute Nachricht ist, dass Betreiber von nicht-veganen Restaurants die steigende Nachfrage nach rein pflanzlichen Mahlzeiten bemerken und sich darauf einstellen, immer ein bis zwei vegane Gerichte anzubieten und diese freundlicherweise auch noch gut erkennbar auf der Speisekarte zu deklarieren. In Bio- oder Vollwertrestaurants ist das Personal in der Regel besonders gut geschult, was die Inhaltsstoffe der Gerichte angeht. Eine freundliche Nachfrage hilft also fast immer!

Größere Unternehmen bieten die Möglichkeit, in der firmeneigenen Kantine günstig zu Mittag zu essen. Hier fällt es schwer, Tipps auszusprechen, da die Bandbreite an Qualität und Vielfalt bei Kantinen sehr groß ist. Vorteilhaft ist es auf jeden Fall, wenn es eine Salatbar gibt oder Beilagen extra genommen werden können. Natürlich kann man sich auch ein Glas Pesto oder einen veganen Kräuterquark mit in die Kantine nehmen und zu den dort angebotenen Kartoffeln oder Nudeln essen. Oder man spricht einfach mal mit dem Kantinenchef und schildert seine »spezielle« Ernährungsweise, denn zunehmend wird in Kantinen auch auf Allergien und spezielle Unverträglichkeiten Rücksicht genommen.

Vielleicht schafft man es damit sogar irgendwann, dass der Küchenchef täglich ein veganes Gericht auf den Speiseplan setzt. Viele Kantinenbetreiber stehen dem Thema durchaus aufgeschlossen gegenüber, benötigen aber Anstöße und Tipps, was sie ins Angebot aufnehmen können. Eine hervorragende Anlaufstelle für solche gastronomischen Betriebe ist das Serviceportal GV Nachhaltig – GV steht für Gemeinschaftsverpflegung – des Vegetarierbundes.

GESCHÄFTSESSEN, SEMINARE UND GESCHÄFTSREISEN

Eine gewisse Herausforderung stellen Geschäftsessen und Seminare oder auch andere Außentermine dar, denn hier kann man die Location nicht immer selbst bestimmen. Falls doch, so muss man ja nicht gleich ein Rohkostrestaurant wählen, sondern besser eines, in dem alle auf ihre Kosten kommen können. Hat man keinen Einfluss auf die Restaurantwahl, so kann man zumindest dort mal anfragen, ob vegane Gerichte auf der Karte stehen oder etwas entsprechend zubereitet werden kann. Bei Veranstaltungen und Seminaren wird oft ein Mittagessen angeboten. Vorteilhaft ist es, wenn dieses in Büffetform stattfindet, sodass man sich zumindest an den Beilagen bedienen kann. Ansonsten hilft auch hier leider nur ein rechtzeitiger Anruf beim Veranstalter. Für den Notfall empfiehlt es sich immer, ein paar Riegel und Obst einzustecken.

Gerade bei mehrtägigen Veranstaltungen wie Fortbildungen oder Seminaren lohnt es sich, möglichst frühzeitig Kontakt mit dem Veranstaltungsort bzw. dem Veranstalter aufzunehmen und seine Essenswünsche mitzuteilen. Viele Menschen leiden heutzutage an Allergien wie z. B. Laktoseintoleranz oder an einer Glutenunverträglichkeit; in der Regel trifft man da immer auf offene Ohren.

Für Geschäftsreisen gilt eine ähnliche Taktik: am besten vorher im Hotel anrufen und nachfragen, ob es vegane Produkte zum Frühstück gibt, und zur Sicherheit einen Pflanzendrink oder Aufstrich mit einpacken. Eine vorherige Recherche nach veganen Locations vor Ort bewahrt vor knurrendem Magen. Für viele Städte gibt es inzwischen vegane oder vegetarische Reiseführer. Die Internetseite happycow.net bietet ein weltweites Verzeichnis Veganer-freundlicher Locations, bei deutschlandistvegan.de sind jede Menge Locations in Deutschland aufgelistet. Bei der Hotelsuche sollte man unbedingt die Seiten veggiehotels.de und biohotels.de zurate ziehen, denn hier kann man problemlos eine Unterkunft mit veganer Verpflegung finden. Viele Fluglinien bieten auch vegane Bordverpflegung an; informieren Sie sich vor Abflug, der richtige Mahlzeitencode ist VGML (»strictly vegan meal«). Beherrscht man auf Auslandsreisen die Landessprache nicht, so hilft der Vegan Passport in 72 Sprachen (gibt es z.B. im PETA-Onlineshop) mit den wichtigsten Begriffen aus, die man benötigt, um seine Ernährungsweise in Restaurants oder beim Einkaufen zu erklären. Selbstverständlich findet man auch in den Supermärkten außerhalb Deutschlands viele vegane Produkte, die man in Deutschland noch gar nicht kennt. In einigen Ländern dieser Erde ist die vegane Gastroszene noch viel ausgeprägter als hierzulande, beispielsweise in den USA.

SICH OUTEN – JA ODER NEIN?

Immer wieder wird man im Berufsleben vor der Frage stehen: Erzähle ich den Kollegen oder Geschäftspartnern, dass ich mich vegan ernähre – oder lieber nicht? Gerade bei Geschäftsessen, aber auch beim Mittagessen im Rahmen von Veranstaltungen trifft man ja immer wieder auf Menschen, die nicht wissen können, dass man sich vegan ernährt. Gibt das Büfett bei einer Veranstaltung mal kaum etwas her, so wird man unter Garantie gefragt werden, warum man denn so wenig isst. Soll man nun ausweichen bei der Antwort? Nein, warum auch?

Meine Erfahrungen sind durchweg positiv, denn viele Menschen interessieren sich tatsächlich sehr für eine vegane Ernährungsweise, und häufig höre ich fast schon Entschuldigungen, dass mein Gegenüber es leider noch nicht schafft, sich ohne Fleisch zu ernähren.

Zumindest aber sind die Akzeptanz und das Wissen um eine rein pflanzliche Ernährungsweise deutlich größer geworden. Man muss sich also keineswegs in Ausreden üben, wenn man direkt danach gefragt wird. Viel wichtiger ist es allerdings, seine Kollegen und Geschäftspartner umgekehrt nicht mit belehrenden Worten bekehren zu wollen, ihnen keinesfalls das Essen zu verderben, auch wenn dort Fleisch auf dem Teller liegt. Da bleibt man besser einfach ganz entspannt und hält keine Vorträge mit erhobenem Zeigefinger – das hinterlässt einen deutlich positiveren Eindruck. Den Kollegen veganen Kuchen mit ins Büro zu bringen ist die bessere Strategie. Garantiert wird man bisweilen sogar den einen oder anderen anerkennenden Blick auf sein Mittagessen seitens der Kollegen verzeichnen können, und genau das ist die beste Art und Weise, für eine vegane Ernährung zu werben.

LOS GEHT'S!

Genug der Theorie, ran an den Herd! Auf den folgenden Seiten gibt es Rezepte für morgens, mittags, abends und für Bürofeiern. Außerdem bietet der Anhang Hilfestellungen dabei, was immer im Vorratsschrank sein sollte und wo man sich weiter informieren kann. Guten Appetit!

60 REZEPTE

Rezepte für morgens, mittags und abends, für unterwegs und für wilde Büropartys

FRÜHSTÜCK

SCHNELLES UND EINFACHES AM MORGEN

Es gibt die unterschiedlichsten Frühstückstypen. Für manche Menschen ist das Frühstück die wichtigste Mahlzeit am Tag, und so nehmen sich viele morgens die Zeit, ganz in Ruhe zu frühstücken. Andere wiederum bereiten sich zwar morgens zu Hause etwas vor, nehmen das aber mit zur Arbeit, um dort später zu frühstücken. Und dann gibt es noch jene, die sich unterwegs versorgen und in der Bahn ein gekauftes Croissant oder ein Baguette mit einem Coffee to go verzehren. Auf den folgenden Seiten finden Sie Frühstücksideen, die Sie immer wieder variieren können, von Baguettes und Sandwiches über grüne Smoothies bis zu Chiapuddingvarianten. Alle Gerichte eignen sich auch fürs Mitnehmen zur Arbeit, je nachdem, welcher Frühstückstyp Sie sind.

VOLLKORN ROCKT

Nicht nur bei Brot setze ich auf Vollkorn – einerseits natürlich, weil mehr Nährstoffe enthalten sind, andererseits auch, weil Vollkorn einfach länger satt macht. Es empfiehlt sich, auch bei den Brotsorten mal zu variieren, beispielsweise mit Dinkel-, Roggen- oder Schwarzbrot. Wer keine Zeit hat, Aufstriche selbst zu machen, findet inzwischen besonders in Bio-Läden eine riesige Auswahl von süß bis deftig, beispielsweise köstliches veganes Zwiebelschmalz. Hier sollte man sich einfach mal ein wenig durchprobieren. Für alle, die nach der Umstellung auf eine vegane Ernährung Wurst und Käse vermissen, gibt es eine große und wachsende Zahl an Ersatzprodukten, die dem Original tatsächlich ziemlich nahekommen. Inzwischen dürfte es allein rund 100 vegane Käsesorten geben. Auch hier gilt: durchprobieren, die schmecken tatsächlich alle recht unterschiedlich.

BLITZIDEEN

Natürlich gibt es eine ganze Reihe weiterer Blitz-Frühstücksideen, die kein Rezept benötigen. Ein veganes Müsli mit Mandel- oder Haferdrink beispielsweise ist in Sekundenschnelle gemacht. Auch lecker ist ein Sojajoghurt mit Früchten, den man immer wieder variieren kann, z. B. mit gepopptem Amaranth, Trockenfrüchten und Nüssen. Wer es morgens bereits warm mag, sollte sich einen veganen Frühstücksbrei kaufen, den man mit einer warmen Pflanzenmilch übergießt und genießt.

GRÜNE SMOOTHIES

Nicht umsonst ein absoluter Trend seit einigen Jahren sind grüne Smoothies. Sie sind nicht nur schnell zubereitet, sondern auch noch sehr nährstoffreich. Gerade für Obstmuffel sind sie perfekt, denn sie bieten so einige Portionen Obst in leicht und lecker zu verzehrender Form. Empfehlenswert ist die Anschaffung eines leistungsstarken Mixers, damit die Konsistenz schön fein wird. Wer sich morgens gleich einen Liter zubereitet, ist damit locker bis zum Mittag versorgt. Ein Smoothie kann in einem geeigneten Gefäß – z. B. einem großen Glas mit Schraubverschluss – wunderbar mit ins Büro genommen werden. Interessant ist die häufige Reaktion von Kollegen auf so ein grünes Getränk: Die meisten schauen zunächst mal leicht angewidert, sind dann aber in der Regel total begeistert vom Geschmack. Wer es nicht so grün mag, kann sich auch nur mit Früchten – TK-Früchte funktionieren auch toll – und einer Pflanzenmilch einen köstlichen Frühstücksdrink zubereiten.

KAFFEE UND MATCHA-TEE

Kaffeefans sollten es mal mit Soja- oder Mandelmilch im Kaffee probieren, da klappt sogar das Aufschäumen gut. Ähnlich wie die grünen Smoothies ist Matcha-Tee seit einiger Zeit als gesunder Kaffeeersatz ein großer Renner. Der grüne Tee ist zwar ziemlich teuer, aber für einen Matcha-Latte oder als Zugabe im Smoothie reicht eine kleine Menge von etwas weniger teurem Koch-Matcha völlig aus. Ein super Wachmacher!

FRÜHSTÜCKSSHAKES

ZUTATEN

DATTEL-BANANE (BILD RECHTS)

2 reife Bananen

1 EL Zitronensaft, frisch gepresst

6 getrocknete Datteln ohne Stein

400 ml Mandelmilch

TRINKFRÜHSTÜCK (BILD MITTE)

200 g Heidelbeeren (frisch oder tiefgekühlt)

400 g Sojajoghurt Vanille

100 ml Mandelmilch

3 EL Haferflocken

3 EL gepoppter Amaranth

SATTMACHER (BILD LINKS)

1 Banane

20 g Haferflocken

20 g gepoppter Amaranth

30 g Cashewkerne

20 g Mandeln

20 g Agavensirup

1 EL Kokosöl

1 TL Kakaopulver

400 ml Haferdrink

5 MINUTEN

2 PORTIONEN

MIXER

TO GO

DATTEL-BANANE

1. Bananen schälen, grob zerkleinern und zusammen mit dem Zitronensaft, den Datteln und der Mandelmilch im Mixer zu einem dickflüssigen Shake vermixen.

TRINKFRÜHSTÜCK

1. Alle Zutaten in einen Mixer geben und zu einem dickflüssigen Shake mixen.

SATTMACHER

1. Banane schälen, grob zerkleinern und zusammen mit den restlichen Zutaten in einen Mixer geben. Alles zu einem dickflüssigen Shake mixen.

TIPP!

Diese Drinks kann man allesamt leicht variieren, was Obstsorten, Pflanzendrinks, Nüsse und weitere Zutaten betrifft. Vorteilhaft ist in jedem Fall ein guter Mixer, damit die Konsistenz schön fein wird! Kein Pflanzendrink im Haus, aber Nussmus? Dann einfach 2 bis 3 Esslöffel Nussmus (z. B. weißes Mandelmus) mit 1 Liter Wasser und optional etwas Süßungsmittel mixen, fertig. Hält sich 2 bis 3 Tage im Kühlschrank.

SMOOTHIES

ZUTATEN

GRÜNER WACHMACHER
1 Handvoll junger Spinat
½ Salatgurke
2 säuerliche Äpfel
1½ cm frische Ingwerwurzel
1 TL Matcha-Pulver
1 EL Agavendicksaft
1 EL Zitronensaft, frisch gepresst

BEEREN-POWER
250 g Beerenmischung (TK)
200 g Sojajoghurt Vanille
150 ml Apfelsaft

VITAMIN-POWER
2 Orangen
½ Zitrone
2 Äpfel
100 ml Möhrensaft

5 MINUTEN
2 PERSONEN
MIXER
TO GO

GRÜNER WACHMACHER

1. Spinat verlesen, waschen und abtropfen lassen. Gurke waschen und grob zerkleinern. Äpfel waschen, entkernen und grob würfeln. Ingwer schälen.
2. Alles mit den restlichen Zutaten sowie 300 Milliliter Wasser in einen Mixer geben und gut durchmixen.

BEEREN-POWER

1. Alle Zutaten in den Mixer geben und gut durchmixen.

VITAMIN-POWER

1. Orangen und Zitrone schälen und in Spalten teilen. Äpfel waschen, entkernen und grob würfeln.
2. Das Obst mit dem Möhrensaft und 200 Milliliter Wasser in den Mixer geben und gut durchmixen.

TIPP!

Inzwischen gibt es auch Smoothie-Zutaten in Pulverform (z. B. von Lebepur) mit Sorten wie Löwenzahn, Roter Bete, Spinat und vielen anderen. So kann man seinen Smoothie auch dann anreichern, wenn frisches Obst und Gemüse gerade mal knapp sind oder keine Saison haben.

ENERGIE AUS DEM GLAS

MATCHA-LATTE

1. Matcha-Pulver in eine Schüssel geben und mit 100 Milliliter nicht mehr kochendem Wasser (ca. 80 °C) gut verrühren – am besten mit einem speziellen Matcha-»Besen«, alternativ geht es auch gut mit einem Milchaufschäumer.
2. Sojadrink in einen Topf geben, erhitzen, aufschäumen und auf zwei Gläser verteilen. Matcha vorsichtig in die Gläser laufen lassen.

EISTEE AUF VORRAT

1. 1 Liter starken Grüntee zubereiten und gut abkühlen lassen. 4 Esslöffel Zitronensaft und den Agavendicksaft zum abgekühlten Grüntee geben und kalt stellen.

ZUTATEN

MATCHA-LATTE

1 TL Matcha-Pulver
500 ml Sojadrink Vanille

EISTEE AUF VORRAT

grüne Teeblätter für 1 l Flüssigkeit
Saft von 1 Zitrone
2 EL Agavendicksaft

TIPP!

Matcha-Tee bekommt man vor allem in Bio-Läden und Teehäusern in unterschiedlichen Qualitätsstufen. Für den puren Genuss – also einfach mit gekochtem Wasser aufgegossen – empfiehlt sich eine Premium-Variante, für die Verarbeitung in Smoothies reicht die etwas preiswertere Koch-Variante.

5 MINUTEN

2 PERSONEN

TO GO

CHIAPUDDING-VARIANTEN

ZUTATEN

KOKOS-CHIA MIT MANGOMARK (BILD VORNE)

3 EL Chiasamen
1 TL Kokosblütenzucker
150 ml Reis-Kokos-Drink (z.B. von Provamel)
1 reife Mango

MANDEL-CHIA MIT PASSIONSFRUCHT (BILD HINTEN)

3 EL Chiasamen
1 EL Agavendicksaft
150 ml Mandelmilch
4 Passionsfrüchte
4 EL Kokosraspel

FRUCHTIGER ORANGEN-CHIA MIT VANILLEJOGHURT (BILD MITTE)

3 EL Chiasamen
150 ml Orangensaft
6 EL Sojajoghurt Vanille

5 MINUTEN + 8 STUNDEN EINWEICHEN

2 PORTIONEN

TO GO

KOKOS-CHIA MIT MANGOMARK

1. Chiasamen mit Kokosblütenzucker in den Reis-Kokos-Drink einrühren und über Nacht im Kühlschrank quellen lassen.
2. Auf zwei Schalen oder Gläser verteilen. Mango schälen und in groben Stücken vom Kern schneiden. Das Fruchtfleisch mit dem Mixer oder dem Pürierstab zu einem glatten Püree verarbeiten und über den Pudding geben.

MANDEL-CHIA MIT PASSIONSFRUCHT

1. Die Chiasamen mit dem Agavendicksaft in die Mandelmilch einrühren und über Nacht im Kühlschrank quellen lassen.
2. Am nächsten Morgen auf zwei Schalen oder Gläser verteilen. Passionsfrüchte aufschneiden und das Fruchtfleisch auf die beiden Portionen verteilen. Mit Kokosraspeln garnieren.

FRUCHTIGER ORANGEN-CHIA MIT VANILLEJOGHURT

1. Die Chiasamen in den Orangensaft einrühren und über Nacht im Kühlschrank quellen lassen.
2. Am nächsten Morgen auf zwei Schalen oder Gläser verteilen und den Sojajoghurt darübergeben.

TIPP!

Wenn es schneller gehen soll, Chiasamen nur ca. 30 Minuten einweichen lassen, dann aber 1 Esslöffel Chiasamen zusätzlich nehmen.

KNUSPRIGES JOGHURTMÜSLI

ZUTATEN

100 g kernige Haferflocken
50 g Mandelblättchen
50 g Sonnenblumenkerne
50 g Rosinen
1 Prise Salz
2 EL Ahornsirup
500 g Sojajoghurt Vanille

ZUBEREITUNG

1. In einer Pfanne ohne Fett Haferflocken, Mandeln und Sonnenblumenkerne rösten, bis sie schön Farbe angenommen haben.
2. Rosinen und Salz dazugeben und mit Ahornsirup karamellisieren. Auf Backpapier geben und kurz abkühlen lassen.
3. In zwei hohe Gläser abwechselnd Joghurt und das Knuspermüsli schichtweise einfüllen. Nach Belieben noch mit Mandelblättchen garnieren.

10 MINUTEN

2 PORTIONEN

TO GO

TIPP!

Diese Müslimischung kann man wunderbar auf Vorrat herstellen und in einem verschließbaren Behältnis aufbewahren. So ist morgens in Sekundenschnelle ein knuspriges Joghurtmüsli fertig! Wer dieses Müsli zur Arbeit mitnehmen möchte, sollte Joghurt und Müsli getrennt voneinander transportieren, damit das Müsli schön knusprig bleibt.

MILCHREIS MIT APFEL-ZIMT-KOMPOTT

ZUBEREITUNG

1. Für den Milchreis den Reis in ein Sieb geben und kurz waschen. Sojadrink, Vanillezucker, Margarine, Zucker und Salz in einem Topf kurz aufkochen.
2. Reis hinzufügen und die Kochplatte auf kleinste Stufe stellen. Reis aufquellen lassen, bis er cremig ist. Zwischendurch immer wieder umrühren.
3. Für das Apfel-Zimt-Kompott die Äpfel schälen, entkernen und in kleine Würfel schneiden. Mit Zitronensaft, Zucker und Zimt in einem Topf kurz aufkochen und unter ständigem Rühren ca. 10 Minuten einkochen lassen. Das Apfel-Zimt-Kompott zum Milchreis servieren.

ZUTATEN

FÜR DEN MILCHREIS

100 g Milchreis
800 ml Sojadrink Vanille
1 Päckchen Vanillezucker
50 g vegane Margarine (z.B. von Alsan)
25 g Rohrzucker
2 Prisen Salz

FÜR DAS APFEL-ZIMT-KOMPOTT

2 säuerliche Äpfel (z. B. Boskop)
Saft von ½ Zitrone
3 EL Rohrzucker
½ TL gemahlener Zimt

TIPP!

Dem Milchreis kann man einen ganz anderen Geschmack verpassen, indem man beim Pflanzendrink variiert, z. B. mit Reis-Kokos-Drink oder Mandeldrink statt Sojadrink Vanille. Eine deutlich gesündere Alternative zu raffiniertem Zucker ist Rohrohrzucker; aber auch mit Kokosblütenzucker oder Agavendicksaft lässt sich gesünder süßen!

30 MINUTEN

2 PORTIONEN

DREIERLEI AUFSTRICHE

BLITZ-SCHOKOLADENCREME (2 MIN.)

1. Die Banane schälen, grob zerkleinern und mit den restlichen Zutaten im Mixer gut durchmixen, fertig.

VEGANE LEBERWURST (10 MIN.)

1. Zwiebel abziehen, grob würfeln und mit dem Majoran in Öl anbraten. Bohnen in ein Sieb geben und abtropfen lassen. Petersilie waschen, trockenschütteln und von den groben Stängeln befreien. Räuchertofu grob würfeln.
2. Alles zusammen mit der Gemüsebrühe im Mixer zu einer glatten Masse vermixen und mit Salz, Pfeffer, Paprikapulver und Zwiebelgranulat abschmecken.

TOFU-TOMATEN-CREME (5 MIN.)

1. Tofu, getrocknete Tomaten, Tomatenmark, Knoblauchgranulat und Olivenöl mit 2 Esslöffel Wasser in den Mixer geben und pürieren. Mit Salz abschmecken.

TIPP!

Die Blitz-Schokoladencreme geht nicht nur blitzschnell, sie ist auch kinderleicht, superschokoladig und gesund! Außerdem lässt sie sich nach Belieben abwandeln, z. B. mit Lebkuchengewürz zur Weihnachtszeit, mit Orangenöl oder mit einem Schuss Rum.

ZUTATEN

BLITZ-SCHOKOLADENCREME (FÜR 1 KLEINES GLAS)

1 reife Banane
2 Datteln
1 EL Kakaopulver, schwach entölt
1 TL Erdnussbutter
1 Prise Salz
1 Prise gemahlener Zimt

VEGANE LEBERWURST (FÜR 2 MITTELGROSSE GLÄSER)

1 Zwiebel
1 TL Majoran
neutrales Pflanzenöl zum Braten
1 kleine Dose Kidneybohnen (Abtropfgewicht 265 g)
½ Bund glatte Petersilie
150 g Räuchertofu
1 TL Gemüsebrühe (Instant)
Salz
schwarzer Pfeffer aus der Mühle
½ TL Paprikapulver, geräuchert
1 TL Zwiebelgranulat

TOFU-TOMATEN-CREME (FÜR 1 KLEINES GLAS)

100 g Naturtofu
4 getrocknete Tomaten
2 EL Tomatenmark
1 TL Knoblauchgranulat
1 EL Olivenöl
Salz

TO GO

DEFTIGES SATTMACHERBRÖTCHEN

ZUTATEN

1 EL Öl

6–8 Scheiben Räuchertofu, je nach Größe der Brötchen

2 Brötchen nach Wahl

½ reife Avocado

einige Spritzer Zitronensaft, frisch gepresst

Salz

6 getrocknete Tomaten in Öl

Sprossen nach Wahl

Crema di Balsamico

ZUBEREITUNG

1. Öl in einer Pfanne erhitzen und Räuchertofu darin von beiden Seiten kross anbraten. Aus der Pfanne nehmen und zur Seite stellen. Brötchen halbieren. Avocadofruchtfleisch aus der Schale heben, etwas zerdrücken und die unteren Hälften der Brötchen damit bestreichen. Mit Zitronensaft beträufeln und salzen.
2. Brötchen mit Räuchertofu, getrockneten Tomaten und Sprossen belegen und mit Crema di Balsamico beträufeln. Brötchen zuklappen und einpacken oder sofort genießen.

10 MINUTEN

2 PORTIONEN

TO GO

TIPP!

Wenn es noch schneller gehen soll, kann man den Räuchertofu auch direkt aus der Packung aufs Brötchen legen. Im Gegensatz zu Naturtofu schmeckt Räuchertofu auch ohne Anbraten gut, und eine Scheibe Räuchertofu ist immer ein guter deftiger Snack für zwischendurch.

TOMATE-TOFURELLA-BAGUETTE

ZUTATEN

1 EL neutrales Pflanzenöl
150 g Basilikumtofu
2 große Tomaten
1 Baguettebrot
vegane Margarine oder Tapenade (Olivenpaste)
Salz
schwarzer Pfeffer aus der Mühle
einige Basilikumblätter
Crema die Balsamico nach Belieben

ZUBEREITUNG

1. Öl in einer Pfanne erhitzen. Den Basilikumtofu in ca. ½ Zentimeter dicke Scheiben schneiden und von beiden Seiten kurz anbraten.
2. Tomaten waschen und in Scheiben schneiden, Baguettebrot halbieren und die Hälften aufschneiden. Brot mit Margarine oder einer Tapenade nach Wahl bestreichen.
3. Basilikumtofu und Tomaten auf jeweils 1 Baguettehälfte verteilen, mit Salz und Pfeffer würzen. Basilikumblätter waschen, grob zerzupfen und ebenfalls darauf verteilen. Nach Belieben mit Crema di Balsamico beträufeln.
4. Mit der jeweils anderen Baguettehälfte bedecken.

10 MINUTEN

2 PORTIONEN

TO GO

TIPP!

Eine leckere Oliventapenade kann man ganz fix selbst herstellen, indem man 1 Glas Oliven (ohne Stein) mit 2 Esslöffel Olivenöl, 2 abgezogenen Knoblauchzehen, 1 Teelöffel Zitronensaft sowie etwas Pfeffer im Mixer gut verrührt. Wer mag, gibt noch 1 Teelöffel Kapern hinzu.

SANDWICH MIT VEGGIE-EIERSALAT

ZUBEREITUNG

1. Den Naturtofu grob in eine Schale bröckeln. Kichererbsen in ein Sieb geben, abbrausen und gut abtrocknen lassen. Zum Tofu geben und beides mit einer Gabel zerdrücken, sodass eine homogene Masse entsteht.
2. Für die selbst gemachte Mayonnaise alle Zutaten bis auf das Rapsöl in einen hohen Behälter geben. Mit einem Rührstab mixen, das Öl nach und nach dazugeben. Nach ca. 1 Minute sollte eine feste Mayonnaise entstanden sein. Alternativ gekaufte vegane Mayonnaise aus dem Glas verwenden.
3. Die Mayonnaise zur Kichererbsenmasse geben und alles gut verrühren. Gewürzgurken fein würfeln und unterheben. Schnittlauch waschen, trockenschütteln und in Röllchen schneiden. Ebenfalls unterheben. Mit Kurkuma und Kala Namak würzen.
4. Romanasalat waschen und trockentupfen. Auf 4 Scheiben Toastbrot jeweils 2 Blätter Salat legen. Den „Eiersalat" darauf verteilen und die Brote mit den restlichen Toastbrotscheiben bedecken.

ZUTATEN

1 kleiner Naturtofu
½ Dose Kichererbsen
150 g Mayonnaise (Grundrezept siehe unten)
3 große Gewürzgurken
½ Bund Schnittlauch
gemahlene Kurkuma
Kala Namak
8 Romanasalatblätter
8 Scheiben Vollkorntoast

GRUNDREZEPT MAYONNAISE

50 ml Sojadrink, gekühlt
½ TL Weißweinessig
½ TL Senf
½ TL Salz
½ TL gemahlene Kurkuma (optional)
100 ml Rapsöl, ungekühlt

TIPP!

Eine supersimple Variante, um einen Ei-Geschmack hinzubekommen, ist es, eine Avocado in Scheiben zu schneiden und mit Kala Namak zu würzen. Verblüffend nah am echten Ei-Geschmack! Kala Namak – auch Schwarzsalz genannt – hat ein schwefeliges Aroma; es kommt aus Asien und wird dort nicht nur deftigen Speisen, sondern sogar häufig auch Obstsalaten zugegeben.

10 MINUTEN

4 PORTIONEN

TO GO

CAESAR-SANDWICH

ZUBEREITUNG

1. Für das Dressing alle Zutaten mit 1 Esslöffel Wasser in eine kleine Schüssel geben und verrühren.
2. Für das Sandwich Tomate waschen und in Scheiben schneiden. Räuchertofu ebenfalls in Scheiben schneiden. Falls gewünscht, kann der Räuchertofu noch angebraten werden, er schmeckt aber auch direkt aus der Verpackung gut. Salatblätter waschen und trockentupfen.
3. Das Sandwichbrot mit dem Dressing bestreichen. Salatblätter, Räuchertofu und Tomate auf 2 Brotscheiben verteilen, mit Kresse oder Sprossen garnieren.
4. Mit den restlichen Sandwichbrotscheiben bedecken und diagonal teilen.

ZUTATEN

FÜR DAS DRESSING

1 EL Nuss- oder Mandelmus
1 EL Sojajoghurt
1 TL mittelscharfer Senf
1 TL Weißweinessig
1 EL Hefeflocken
1 EL Olivenöl
1 TL Knoblauchgranulat
1 TL Zwiebelgranulat
Salz
schwarzer Pfeffer aus der Mühle
1 EL Agavendicksaft

FÜR DAS SANDWICH

1 Tomate
100 g Räuchertofu
4 Salatblätter
4 Scheiben Sandwichbrot
Kresse oder Sprossen

TIPP!

Das Dressing hält sich in einem geschlossenen Gefäß einige Tage im Kühlschrank, sodass man sich auch an den Folgetagen in wenigen Minuten ein Caesar-Sandwich fertig machen kann.

15 MINUTEN

2 PORTIONEN

TO GO

LUNCH TO GO

IDEAL ZUM MITNEHMEN

Wer kennt das nicht? Spätestens am Mittag knurrt der Magen und verlangt nach Nahrung. Jetzt heißt es essen gehen oder etwas Mitgebrachtes auspacken. Am besten etwas Leichtes und Gesundes, damit man anschließend nicht vom berüchtigten Mittagstief eingeholt wird.

Auf den folgenden Seiten gibt es eine ganze Reihe von Rezepten, die sich nicht nur zum Mitnehmen eignen, sondern vor allem auch kalt gut schmecken. Nicht jeder hat schließlich die Möglichkeit, sich am Arbeitsplatz Essen aufzuwärmen oder sogar zu kochen. Natürlich könnte man den Kollegen durchaus mal vorschlagen, eine Mikrowelle oder eine Elektrokochplatte für das Büro anzuschaffen. Alternativ bietet sich der Kauf eines Thermobehälters an, der Speisen bis zum Mittag warm oder kalt hält.

AUF DIE PLANUNG KOMMT ES AN

Selbst wenn man das Glück haben sollte, dass der Arbeitsplatz mit einer vollwertigen Küche ausgestattet ist, wird die Mittagspause vermutlich nicht für die Zubereitung einer aufwendigen Mahlzeit reichen. Morgens fehlt vermutlich aber auch Zeit oder Lust, schon mal etwas für das Mittagessen vorzubereiten, daher bietet es sich an, das bereits am Vorabend zu tun. Warum nicht einfach abends eine Portion für den nächsten Mittag mitkochen? Das ist nur ein geringer Mehraufwand, und man freut sich am nächsten Tag, etwas Leckeres mitnehmen zu können. Viele Gerichte schmecken sogar erst richtig gut, wenn sie über Nacht durchziehen konnten.

Praktisch ist es, am Arbeitsplatz einen Kühlschrank zu haben, in dem man nicht nur sein Mittagessen kühl halten, sondern auch eine Pflanzenmilch, einen Aufstrich oder veganen Käse aufbewahren kann. So kann man sich jederzeit schnell einen Snack zubereiten, wenn einmal die Zeit für mehr fehlt. Für Notfälle ist es außerdem sinnvoll, immer ein paar Müsliriegel, Obst und Trockenobst, Energiebällchen, eine Nussmischung oder Müsli am Arbeitsplatz zu »bunkern«. Smoothie-Fans sollten wirklich mal die Anschaffung eines kleinen Mixers für den Arbeitsplatz, z. B. eines Personal Blenders, überlegen, denn so kann man sich jederzeit aus frischem Obst einen sättigenden Smoothie machen. So ein Mixer ist ruckzuck gereinigt und benötigt außerdem kaum Platz.

DA HABEN WIR DEN SALAT

Ein perfektes Mittagessen, weil eben leicht und gesund, sind Salate jeglicher Art. Die Variationsmöglichkeiten sind grenzenlos, und man sollte unbedingt ein wenig experimentieren, angefangen bei den Salatsorten. Wer stets nur den gleichen Salat mit ein paar Tomaten und Gurken und einer Vinaigrette zubereitet, sollte lieber mal Shiitakepilze, Räuchertofu oder Tempeh anbraten und über den Salat geben. Das verleiht auch gleich viel mehr das Gefühl, eine »richtige« Mahlzeit zu essen. Auch eine fruchtige Note, beispielsweise durch Äpfel oder Birnen, macht den Salat interessanter. Wunderbar machen sich auch Sprossen oder Samen, Nüsse und Kerne auf einem Salat. Und schließlich darf man auch bei den Dressings mal was anderes ausprobieren, beispielsweise solche auf Basis von Tahin (Sesampaste) oder Erdnussmus. Ganz wichtig: Das Dressing immer in einem kleinen Extrabehälter, beispielsweise einem Glas mit Schraubverschluss, transportieren, denn sonst ist der Salat am Mittag komplett durchgeweicht.

Einige der Rezepte auf den folgenden Seiten enthalten Knoblauch. Hier ist es ganz persönliche Ermessenssache, ob man das seinen Kolleginnen und Kollegen »zumuten« möchte. Wer dies tatsächlich unangenehm findet, der kann ganz einfach den Knoblauch reduzieren oder auch gleich ganz weglassen, die Gerichte schmecken trotzdem gut.

MEDITERRANER NUDELSALAT

ZUTATEN

500 g Nudeln
Salz
150 g Blattspinat (TK)
150 g braune Champignons
1 kleine Zucchini
½ Glas getrocknete Tomaten in Öl (280 g, Öl aufbewahren!)
50 g Pinienkerne
15 Cocktailtomaten
1 EL Tomatenmark
2 EL Aceto balsamico
schwarzer Pfeffer aus der Mühle
2 Zweige frischer Rosmarin

ZUBEREITUNG

1. Die Nudeln in Salzwasser al dente kochen, abgießen und sofort den Spinat dazugeben, dann taut dieser schneller auf.
2. Inzwischen Champignons putzen und in Scheiben schneiden, Zucchini waschen, längs halbieren und ebenfalls in Scheiben schneiden. 1 Esslöffel Tomatenöl (aus dem Glas mit den getrockneten Tomaten) in einer Pfanne erhitzen und darin mit etwas Salz Champignons und Zucchini anbraten.
3. Pinienkerne in einer separaten Pfanne ohne Öl anrösten. Alle Zutaten vom Herd nehmen und etwas abkühlen lassen.
4. Cocktailtomaten waschen und halbieren, getrocknete Tomaten in Streifen schneiden. Beides zu den Nudeln geben. Aus 4 Esslöffel Tomatenöl, Tomatenmark, Aceto balsamico, Salz und Pfeffer ein Dressing rühren.
5. Rosmarin waschen und trockenschütteln. Die Nadeln von den Zweigen streifen und hacken. Mit Champignons und Zucchini zu den Nudeln geben, das Dressing unterheben und ganz zum Schluss die Pinienkerne darüberstreuen. Nach Belieben mit Salz und Pfeffer abschmecken.

30 MINUTEN

4 PORTIONEN

TO GO

TIPP!

Ein super Mitbringsel für alle Partys oder zur Bürofeier. Der Salat schmeckt auch am nächsten Tag noch gut oder sogar noch besser, weil er dann gut durchgezogen ist.

ASIATISCHER GURKENSALAT MIT ALGEN

ZUTATEN

20 g getrocknete Wakame (Braunalge)
1 Salatgurke
½ TL brauner Zucker
1 TL Gomasio
½ TL getrocknete Chiliflocken
1 TL Chilisauce
1 EL Sesamöl
2 EL helle Sojasauce
1 EL Reisessig
1 EL helle Sesamsamen
1 EL schwarze Sesamsamen

ZUBEREITUNG

1. Die getrockneten Algen in eine Schale mit lauwarmem Wasser legen und mindestens 20 Minuten ziehen lassen. Danach gut auspressen und in feine Streifen schneiden.
2. Die Gurke waschen, längs halbieren und entkernen. Dann in feine Scheiben hobeln und mit den Algen vermischen.
3. Aus den restlichen Zutaten – außer den Sesamsamen – mit dem Schneebesen ein Dressing mischen und über die Gurken geben. Mindestens 1 Stunde im Kühlschrank ziehen lassen – je länger, desto besser! Den Sesam erst kurz vor Verzehr über den Salat geben.

10 + 60
MINUTEN / MINUTEN RUHEZEIT

2
PORTIONEN

TO GO

TIPP!

Gomasio ist eine in Asien häufig benutzte Mischung aus Sesamsamen und Meersalz. Achten Sie unbedingt auf Bio-Qualität, denn bei konventionellen Produkten kann Glutamat enthalten sein!

KICHERERBSENSALAT MIT ORANGEN, GRÜNEN BOHNEN UND SPARGEL

ZUBEREITUNG

1. Die Kichererbsen in ein Sieb geben, abbrausen, abtropfen lassen und in eine große Schüssel füllen. Den grünen Spargel im unteren Drittel schälen und in ca. 10 Zentimeter lange Stücke schneiden. Die Bohnen putzen und gegebenenfalls auf eine Länge von ca. 10 Zentimetern bringen. Beides waschen und abtropfen lassen.
2. In einer großen Pfanne 1 Esslöffel Olivenöl erhitzen, Spargel und Bohnen kurz darin scharf anbraten und mit der Gemüsebrühe ablöschen. Für ca. 10 Minuten kochen.
3. In der Zwischenzeit die Salatherzen waschen, trockentupfen, klein zupfen und zu den Kichererbsen geben. Die Orangen schälen und filetieren. Die Filets in den Salat geben, den restlichen Saft aus den Früchten in ein Glas pressen und mit 2 Esslöffel der Kochbrühe aus der Pfanne zu einer Sauce vermischen.
4. Bohnen und Spargel abgießen und mit eiskaltem Wasser abschrecken. Anschließend unter den Salat heben. Thymian waschen und trockenschütteln, die Blättchen abzupfen. Restliches Olivenöl, Salz, Pfeffer, Chili und Thymian zur Sauce geben und alles mit einem Schneebesen vermischen. Mit Zitronensaft und Zucker abschmecken und den Salat damit beträufeln.

Das Bild zu diesem Rezept finden Sie auf der vorderen Umschlagseite.

ZUTATEN

1 Dose Kichererbsen (240 g Abtropfgewicht)
1 Bund grüner Spargel
150 g Prinzessbohnen
3 EL Olivenöl
250 ml Gemüsebrühe
2 Salatherzen
2 Orangen
6 Zweige Thymian
Salz
schwarzer Pfeffer aus der Mühle
1 Messerspitze Chiligewürz
Zitronensaft, frisch gepresst
Zucker

30 MINUTEN

2 PORTIONEN

TO GO

SCHARFER REISNUDELSALAT

ZUTATEN

FÜR DEN SALAT

150 g Reisnudeln
Sesamöl zum Beträufeln und Anbraten
80 g Erdnüsse
100 g Stangensellerie ohne Grün
½ Salatgurke
4 Frühlingszwiebeln
100 g Sojasprossen
je ½ Bund Thaibasilikum und Koriandergrün
3 Knoblauchzehen
2 cm frische Ingwerwurzel
2 rote Zwiebeln
150 g Sojahack

FÜR DIE MARINADE

Saft von 1½ Limetten
3 EL Gemüsebrühe
4 EL helle Sojasauce
1 EL dunkle Sojasauce
½ EL Chilipaste
2 EL Reisessig
2 EL Sesamöl

30 MINUTEN + 60 MINUTEN RUHEZEIT

4 PORTIONEN

TO GO

ZUBEREITUNG

1. Für den Salat die Reisnudeln mit heißem Wasser übergießen und ziehen lassen, bis sie bissfest sind. Anschließend abgießen, mit kaltem Wasser abspülen und abtropfen lassen. In eine große Schüssel geben und mit etwas Sesamöl beträufeln, damit sie nicht aneinanderkleben.
2. Erdnüsse in einer Pfanne ohne Fett rösten und abkühlen lassen. Stangensellerie waschen, putzen und in schmale Streifen schneiden. Gurke waschen und zu Juliennestreifen schneiden. Frühlingszwiebeln waschen, putzen und in schmale Ringe schneiden.
3. Erdnüsse, Sellerie, Gurke und Frühlingszwiebeln unter die Reisnudeln heben. Sojasprossen, Thaibasilikum und Koriander waschen, trockenschütteln bzw. trockentupfen und beiseitestellen.
4. Knoblauch und Ingwer abziehen bzw. schälen und hacken. Rote Zwiebeln abziehen und in feine Ringe schneiden. Marinade anrühren.
5. Das Sojahack mit den Zwiebeln in Sesamöl scharf anbraten, Ingwer und Knoblauch dazugeben und kurz mit anschwitzen. Mit der Marinade ablöschen und alles kurz aufkochen. Sofort über die Reisnudeln geben und unterheben. Den Salat leicht abkühlen lassen, in dieser Zeit die Kräuter hacken.
6. Zum Schluss die Kräuter und die Sojasprossen unter den Salat heben und alles zusammen im Kühlschrank mindestens 1 Stunde, besser mehrere Stunden ziehen lassen.

KARTOFFELSALAT MIT KARAMELLISIERTEN ZWIEBELN

ZUTATEN

900 g festkochende Kartoffeln
20 g brauner Zucker
2 große rote Zwiebeln
1 EL Knoblauchwürfel
50 ml Aceto balsamico bianco
80 ml Gemüsebrühe
1 EL mittelscharfer Senf
Salz
schwarzer Pfeffer aus der Mühle
60 ml Olivenöl

ZUBEREITUNG

1. Kartoffeln gar kochen, pellen und in Scheiben schneiden.
2. Zucker in einer Pfanne schmelzen lassen. Zwiebeln abziehen und in feine Ringe schneiden. Mit dem Knoblauch zum Zucker geben. Mit Essig und Brühe ablöschen und etwas einkochen lassen. Senf einrühren und mit Salz und Pfeffer abschmecken.
3. Das Öl unter ständigem Rühren langsam einlaufen lassen. Die Kartoffelscheiben mit der heißen Vinaigrette übergießen und den Salat mindestens 1 Stunde, besser mehrere Stunden durchziehen lassen.

45 MINUTEN + **60** MINUTEN RUHEZEIT

4 PORTIONEN

TO GO

TIPP!

Besonders schnell geht es, wenn man vom Vortag noch Kartoffeln übrig hat. Den Salat kann man wunderbar zu Partys mitnehmen!

BLUMENKOHLSALAT

ZUTATEN

1 Blumenkohl
Salz
2 säuerliche Äpfel
200 g Sojajoghurt natur (ungesüßt)
150 g Mayonnaise (aus dem Glas oder selbst gemacht, siehe Rezept S. 55)
schwarzer Pfeffer aus der Mühle
Cayennepfeffer
Currypulver

ZUBEREITUNG

1. Blumenkohl waschen und in kleine Röschen teilen. In einem Topf mit sprudelnd kochendem Salzwasser ca. 10 Minuten bissfest garen. Abgießen und mit eiskaltem Wasser abspülen. Gut abtropfen lassen.
2. Äpfel schälen, entkernen und fein würfeln, vorsichtig mit dem Blumenkohl mischen. Aus Joghurt, Mayonnaise und den Gewürzen ein Dressing anrühren. Das Dressing behutsam unter die Apfelwürfel und die Blumenkohlröschen heben.

20
MINUTEN

2
PORTIONEN

TO GO

TIPP!

Eine andere interessante Geschmacksnote erreicht man, indem man statt der Äpfel Orangenfilets und fein geschnittenen Chicorée zum Blumenkohl gibt.

MAISTÖRTCHEN

ZUTATEN

FÜR DEN TEIG

150 g Mehl
70 g vegane Margarine
2 EL Sojamehl
1 Prise Salz
1 Prise Zucker

FÜR DIE FÜLLUNG

1 kleine Zwiebel
1 Dose Mais (230 g Abtropfgewicht)
100 g Seidentofu
100 g Sojasahne
Salz
schwarzer Pfeffer aus der Mühle
Muskatnuss, frisch gerieben
Hefeflocken
Chiliflocken
1 TL Agar-Agar

AUSSERDEM

Fett für die Förmchen

30 MINUTEN + 45 MINUTEN RUHE-/BACKZEIT

12 TÖRTCHEN

TO GO

ZUBEREITUNG

1. Für den Teig Mehl, Margarine, Sojamehl, Salz und Zucker nach Bedarf mit 1 Esslöffel Wasser mit den Händen zu einem glatten Teig verkneten und in Folie wickeln. Den Teig im Kühlschrank mindestens 30 Minuten ruhen lassen.
2. Anschließend den Teig ca. 3 Millimeter dick ausrollen und entweder die Mulden eines Muffinblechs oder Quiche-Förmchen damit auskleiden (Achtung: vorher einfetten!). Den Teig mit einer Gabel mehrmals einstechen und ca. 15 Minuten bei 200 °C (Umluft 180 °C, Gas Stufe 3–4) backen. Anschließend abkühlen lassen.
3. Für die Füllung Zwiebel abziehen und halbieren. Mit Mais, Seidentofu und Sahne im Mixer zu einer glatten Masse pürieren. Mit Salz, Pfeffer, Muskatnuss, Hefeflocken und Chili würzen und mit Agar-Agar kurz aufkochen.
4. Die Füllung in die Teigförmchen geben und alles zusammen nochmals auskühlen lassen.

TIPP!

Den Mais kann man auch durch anderes Gemüse ersetzen, beispielsweise durch gekochten und pürierten Brokkoli. Die Törtchen lassen sich prima transportieren und halten sich in einer geschlossenen Dose ein paar Tage im Kühlschrank.

SPARGELTARTE

ZUBEREITUNG

1. Den Spargel auftauen (am besten schon morgens aus der Tiefkühltruhe holen), den Backofen auf 200 °C (Umluft 180 °C, Gas Stufe 3–4) vorheizen. Den Blätterteig auf ein mit Backpapier belegtes Blech rollen. Rundherum die Blätterteigränder 1,5 Zentimeter hochziehen.
2. Bohnen in ein Sieb geben, abbrausen und abtropfen lassen. Mit Cashewbruch, Senf, Pesto, Zitronensaft, Hefeflocken und 2 Teelöffel Wasser im Mixer oder mit dem Pürierstab zu einer cremigen Masse vermixen und auf den Blätterteig streichen. Spargel in ganzen Stangen auf die Masse legen und mit Salz und Pfeffer würzen.
3. Die Tarte 25 bis 30 Minuten im Ofen backen und mit frischen Basilikumblättern bestreut servieren.

ZUTATEN

500 g weißer Spargel (TK und geschält; alternativ können auch 2 Gläser Spargel verwendet werden)
1 Packung veganer Blätterteig zum Ausrollen
1 Dose weiße Bohnen (Abtropfgewicht 240 g)
60 g Cashewbruch
1 TL scharfer Senf
4 TL grünes veganes Pesto
1 TL Zitronensaft, frisch gepresst
2 EL Hefeflocken
Salz
schwarzer Pfeffer aus der Mühle
1 Handvoll frische Basilikumblätter

TIPP!

Besonders lecker ist die Tarte, wenn man grünen und weißen Spargel kombiniert!

10 MINUTEN + 30 MINUTEN BACKZEIT

4 PORTIONEN

AUFWÄRMBAR

EINFRIERBAR

TO GO

GEFÜLLTE MUSCHELNUDELN AUF RUCOLASALAT MIT TOMATENVINAIGRETTE

ZUTATEN

200 g Riesen-Muschelnudeln
Salz
1 Bund Basilikum
5 EL Olivenöl
140 g veganer Kräuterfrischkäse (z. B. von Sojananda)
1 Schalotte
schwarzer Pfeffer aus der Mühle
1 Bund Rucola
2 Tomaten
4 EL Aceto balsamico bianco
1 TL Zucker

ZUBEREITUNG

1. Die Nudeln in sprudelndem Salzwasser bissfest kochen, abgießen und auskühlen lassen. In der Zwischenzeit die Basilikumblätter von den Stängeln zupfen und waschen. 3 Basilikumblätter fein hacken, den Rest mit 1 Esslöffel Olivenöl im Mixer oder in der Küchenmaschine pürieren. Mit dem Frischkäse vermischen.
2. Die Schalotte abziehen, würfeln und unter die Käsemasse heben. Mit Salz und Pfeffer würzen. Die Muschelnudeln mit der Masse füllen.
3. Rucola waschen und trockenschleudern. Tomaten waschen und fein hacken. Aus Balsamico, restlichem Olivenöl, Zucker und 1 Prise Salz mit dem Schneebesen eine Vinaigrette schlagen. Tomatenwürfel und gehacktes Basilikum dazugeben und kurz durchziehen lassen.
4. Aus dem Rucola ein Bett anrichten, die Tomatenvinaigrette darübergeben und die gefüllten Nudeln darauf verteilen.

20 MINUTEN

2 PORTIONEN

TO GO

TIPP!

Das Gericht lässt sich wunderbar vorbereiten und im Büro genießen, die Nudeln schmecken auch am nächsten Tag noch gut.

LINSENBÄLLCHEN MIT DIP

ZUTATEN

FÜR DIE BÄLLCHEN

200 g rote Linsen
1 Zwiebel
2 Knoblauchzehen
1 Bund Koriandergrün
30 g Semmelbrösel
1½ EL Sesamöl
1 EL Tomatenmark
½ TL gemahlener Ingwer
½ TL Cayennepfeffer
1 TL gemahlener Kreuzkümmel
1 TL gemahlener Koriander
Salz
2 TL Backpulver
Öl zum Frittieren

FÜR DEN DIP

1 Chilischote
20 g frische Ingwerwurzel
3 Knoblauchzehen
200 g passierte Tomaten
2 EL Orangensaft, frisch gepresst
1 TL rote Currypaste
½ TL Salz
1 EL Ahornsirup

50 MINUTEN + 8 STUNDEN EINWEICHEN

4 PORTIONEN

TO GO

ZUBEREITUNG

1. Für die Bällchen die Linsen möglichst über Nacht in reichlich kaltem Wasser einweichen.
2. Zwiebel und Knoblauch abziehen und grob hacken. Koriander waschen und trockenschütteln, die groben Stängel entfernen. Linsen abgießen und mit 50 Milliliter Wasser, Semmelbröseln und Sesamöl im Mixer oder mit dem Pürierstab pürieren.
3. Zwiebel, Knoblauch, Koriander, Tomatenmark, alle Gewürze, Salz und Backpulver zu den Linsen geben und alles zusammen nochmals fein pürieren. Mit angefeuchteten Händen etwa 15 Bällchen aus der Masse formen.
4. Frittieröl erhitzen und die Bällchen portionsweise für 2 Minuten im Öl frittieren. Mit einem Schaumlöffel herausnehmen und auf Küchenpapier abtropfen lassen.
5. Für den Dip Chilischote waschen, vom Stiel befreien, längs halbieren und entkernen. Ingwer schälen und grob zerkleinern. Knoblauch abziehen. Chili, Ingwer und Knoblauch mit den restlichen Zutaten zu einer glatten Sauce mixen und diese zu den Linsenbällchen servieren.

DREIERLEI WRAP-VARIATIONEN

SUSHI-WRAP (30 MIN.)

1. Den Sushireis waschen und nach Anleitung kochen. Zucker und Reisessig so lange verrühren, bis sich der Zucker aufgelöst hat. Anschließend die Flüssigkeit gründlich mit dem Reis vermischen.
2. Pflanzenmilch und Wasabipaste verrühren, auf die Wraps streichen und die Noriblätter darauflegen. An den Rändern zuschneiden.
3. Die Avocado halbieren, entkernen und das Fruchtfleisch aus der Schale lösen. Mit Zitronensaft und Salz vermengen. Den Sushireis auf den Noriblättern verteilen und mit Avocadocreme bestreichen. Schwarzen Sesam darüberstreuen. Die Gurke waschen und in Stifte schneiden. Die Wraps damit belegen.
4. Die Wraps zusammenrollen und gegebenenfalls mit einem Zahnstocher fixieren.

ERDNUSS-TEMPEH-WRAP (20 MIN.)

1. Tempeh in schmale Streifen schneiden und in Sesamöl scharf anbraten. Nach Belieben mit Sojasauce ablöschen.
2. Erdnüsse hacken. Erdnussbutter mit Sojasauce erhitzen und dabei mit einem Schneebesen so lange verrühren, bis eine homogene Masse entstanden ist. Diese auf die Wraps streichen und mit den gehackten Erdnüssen bestreuen. Salatblätter und Sojasprossen waschen und trockenschleudern.
3. Salatblätter, Tempeh und Sojasprossen auf den Wraps verteilen und in der Mitte mit einem schmalen Streifen Chilisauce versehen. Anschließend zusammenrollen.

ZUTATEN

SUSHI-WRAP

250 g Sushireis
1 Prise Zucker
2 EL Reisessig
2–3 EL Pflanzenmilch
2 cm Wasabipaste
2 große Wraps oder Tortillafladen
2 Noriblätter
1 Avocado
2 EL Zitronensaft, frisch gepresst
Salz
schwarzer Sesam zum Bestreuen
¼ Salatgurke

ERDNUSS-TEMPEH-WRAP

100 g Tempeh
1 EL Sesamöl
Sojasauce nach Belieben
50 g Erdnüsse
2 EL Erdnussbutter
1 EL helle Sojasauce
2 große Wraps oder Tortillafladen
einige Blätter Romanasalat
50 g Sojasprossen
1–2 EL Chilisauce (aus dem Asia-Laden)

FORTSETZUNG WRAP-VARIATIONEN

ZUTATEN

HUMMUS-GRILLGEMÜSE-WRAP

2–3 EL Hummus (Rezept siehe S. 87)
2 große Wraps oder Tortillafladen
½ Zucchini
½ rote Zwiebel
1 Möhre
1 EL Olivenöl
grobes Meersalz
etwas gehackter frischer Rosmarin
1 TL Garam Masala
schwarzer Pfeffer aus der Mühle
Zitronensaft, frisch gepresst
einige Stängel frische Petersilie

2 STÜCK

TO GO

HUMMUS-GRILLGEMÜSE-WRAP (20 MIN.)

1. Hummus wie auf S. 87 beschrieben zubereiten und auf den Wraps verteilen.
2. Zucchini waschen und in Streifen schneiden, Zwiebel abziehen und in grobe Ringe schneiden, Möhre schälen und in Streifen schneiden.
3. In einer Pfanne Olivenöl erhitzen und Zwiebel sowie Möhre darin mit Salz scharf anbraten. Nach ca. 5 Minuten Zucchini dazugeben, Rosmarin und Garam Masala untermischen. Hitze reduzieren und alles weitere 5 Minuten braten.
4. Das Gemüse anschließend auf dem Hummus verteilen, mit Pfeffer und Zitronensaft würzen. Petersilie waschen und trockenschütteln. Die Blätter abzupfen und hacken. Auf das Gemüse streuen. Anschließend die Wraps aufrollen.

TIPP!

Wraps sind echte Allround-Talente, die nicht nur wunderbar zum Mitnehmen geeignet, sondern auch beliebig variierbar sind. Tiefkühlkräuter wie Rosmarin, Schnittlauch, Petersilie oder Kräutermischungen sollte man immer vorrätig haben!

GAZPACHO ANDALUZ

ZUBEREITUNG

1. Strauchtomaten waschen, Zwiebel und Knoblauch abziehen. Gurke, Paprika und Chilischote waschen und entkernen. Alles grob würfeln.
2. Die Gemüsewürfel mit der Brühe, dem Balsamico und den passierten Tomaten in den Mixer geben und das Ganze gut durchmixen.
3. Das Toastbrot in Würfel schneiden und bei niedriger Mix-Geschwindigkeit zum Gemüsemix geben, sodass schließlich eine sämige Konsistenz entsteht.
4. Bei weiterhin laufendem Mixer langsam das Olivenöl einlaufen lassen. Die Gazpacho mit Salz und Pfeffer abschmecken.

ZUTATEN

350 g Strauchtomaten
1 kleine Zwiebel
1 Knoblauchzehe
½ Salatgurke
½ Paprikaschote nach Wahl
½ Chilischote
200 ml kalte Gemüsebrühe
4 EL Aceto balsamico bianco
100 g passierte Tomaten
1–2 Scheiben Toastbrot
2 EL Olivenöl
Salz
schwarzer Pfeffer aus der Mühle

TIPP!

Diese kalte Suppe lässt sich wunderbar mit ins Büro nehmen und schmeckt vor allem an heißen Tagen! Für eine »entschärfte« Bürovariante kann der Knoblauch weggelassen werden.

15 MINUTEN
2 PORTIONEN
EINFRIERBAR
TO GO
MIXER

QUICK DINNER

UNKOMPLIZIERT UND LECKER

Viele Menschen sind erschöpft, wenn sie am Abend von der Arbeit nach Hause kommen. Kaum jemand hat dann noch Lust, sich in die Küche zu stellen und etwas Aufwendiges zuzubereiten. Oft ist der Hunger auch schon groß, und man mag nicht lange warten, bis das Essen auf dem Tisch steht. Da ist die Versuchung groß, beim Lieferservice etwas zu bestellen oder ein Fertiggericht in die Mikrowelle zu schieben. Eine schnelle Variante ist natürlich auch das klassische Abendbrot.

Doch es geht auch anders. Auf den folgenden Seiten finden Sie Rezepte, die Sie ohne großen Aufwand schnell zubereiten können. Manche dauern zwar etwas länger in der Zubereitung, machen sich aber quasi fast von selbst, beispielsweise Suppen, für die man nur ein wenig Gemüse schnippeln muss.

NICHT NUR FÜR SUPPENKASPER

Suppen sind besonders wohltuend, wenn man an einem kalten Tag müde oder gar durchgefroren nach Hause kommt; zudem sind sie sehr gesund. Ein weiterer großer Vorteil von Suppen ist, dass man das eine oder andere Gemüse, das seine besten Tage schon hinter sich hat, einfach mit reinschnippeln kann. Zudem kann man direkt eine größere Portion zubereiten und freut sich am nächsten Tag darüber, nur noch kurz warten zu müssen, bis die Suppe wieder erwärmt ist. Einfrieren kann man die meisten Suppen auch noch – ein wahres Multitalent also. Wer es sich ganz einfach machen möchte, kann Tiefkühlgemüse im Gefrierfach deponieren, das es bereits gewaschen und geschnitten zu kaufen gibt. Bereitet man sich Pestos auf Vorrat zu (oder hat Gekauftes im Kühlschrank), hat man abends ganz schnell ein leckeres Nudelgericht fertig, aber auch Backofengemüse oder ein Wokgericht sind ruckzuck auf den Tisch gezaubert. Oder wie wäre es mit einer flotten Backkartoffel?

ABENDS WIE EIN BETTELMANN …

Spätabends noch eine große Portion zu essen kann allerdings durchaus auch belastend sein. Manch einer kann mit zu vollem Magen schlecht einschlafen, wenn der Körper das Gegessene verarbeitet. Und im Hinblick auf überflüssige Pfunde sehen viele Diäten vor, einige Stunden vor der Bettruhe überhaupt nichts mehr zu essen oder zu später Stunde auf Kohlenhydrate zu verzichten. Jeder Mensch verfügt aber über eine andere Verdauung und Konstitution, daher sind auch bei diesem Thema Pauschalisierungen sicherlich nicht hilfreich. Letztlich muss man ganz individuell spüren und erfahren, was einem guttut oder eben nicht, denn auch hier gehen die Meinungen von Ernährungswissenschaftlern auseinander, wenn auch zumeist im Fazit davon abgeraten wird, kurz vor dem Schlafengehen noch schwere oder schwer zu verdauende Kost zu sich zu nehmen. Viele verfahren daher nach dem Motto: »Morgens essen wie ein Kaiser, mittags wie ein König und abends wie ein Bettelmann«.

In vielen Ländern sieht die dort übliche Esskultur allerdings wieder ganz anders aus – hier wird kaum etwas gefrühstückt und spätabends dafür ausgiebig geschlemmt. Am Ende des Tages kommt es wohl hauptsächlich auf die tägliche Kalorienbilanz an – nimmt man mehr zu sich, als man verbrennt, werden Fettpolster gebildet.

FÜR DEN KOMMENDEN TAG MITDENKEN

Wer abends kocht, sollte auch immer schon an den nächsten Tag denken. Etwas mehr zuzubereiten kostet nicht viel mehr Zeit, spart am nächsten Tag aber die Vorbereitung für das Mittagessen. Viele Gerichte oder Komponenten lassen sich auch gut einfrieren, egal, ob für das Mittag- oder das Abendessen. Bevor etwas in den Kühlschrank wandert, sollte es aber auf jeden Fall nicht mehr warm sein, weil das nicht sonderlich energieeffizient ist.

FRUCHTIGE, SCHNELLE KÜRBISSUPPE

ZUTATEN

800 g Hokkaidokürbis-Fruchtfleisch (entspricht einem Kürbis von ca. 1 kg)
1 Zwiebel
25 g frische Ingwerwurzel
1 große Möhre
1 EL neutrales Pflanzenöl
500 ml Orangensaft
750 ml Gemüsebrühe
3 EL Kürbiskerne
1 Prise Muskatnuss, frisch gerieben
1 TL Currypulver
1 Messerspitze Cayennepfeffer
Salz
schwarzer Pfeffer aus der Mühle
1 EL Kürbiskernöl

20 MINUTEN

4 PORTIONEN

TO GO

EINFRIERBAR

ZUBEREITUNG

1. Das Kürbisfruchtfleisch in grobe Würfel schneiden. Zwiebel abziehen und ebenfalls grob würfeln, Ingwer schälen und fein würfeln. Möhre eventuell schälen und in fingerdicke Scheiben schneiden.
2. In einem großen Topf das Öl erhitzen und Zwiebel sowie Ingwer darin andünsten. Die Kürbiswürfel hinzufügen und kurz mit anbraten. Möhrenscheiben dazugeben und mit Orangensaft ablöschen. Mit Gemüsebrühe aufgießen und 15 Minuten köcheln lassen. In der Zwischenzeit die Kürbiskerne in einer kleinen Pfanne ohne Fett anrösten.
3. Die Suppe mit dem Stabmixer fein pürieren. Mit Muskatnuss, Currypulver und Cayennepfeffer würzen und mit Salz und Pfeffer abschmecken.
4. Die Suppe mit Kürbiskernöl beträufelt und mit gerösteten Kürbiskernen bestreut servieren.

TIPP!

Für eine exotischere Variante kann der Orangensaft durch die gleiche Menge Kokosmilch ersetzt werden.

BLITZSCHNELLE TOMATENSUPPE

ZUTATEN

500 g frische, sonnengereifte Tomaten
1 Zwiebel
1½ Knoblauchzehen
2 EL Olivenöl
300 ml Gemüsebrühe
1 EL Tomatenmark
Salz
schwarzer Pfeffer aus der Mühle
½ Bund Petersilie

20 MINUTEN

4 PORTIONEN

TO GO

EINFRIERBAR

AUFWÄRMBAR

ZUBEREITUNG

1. Die Tomaten von oben kreuzweise einritzen und mit kochendem Wasser überbrühen. Anschließend Tomatenhaut abziehen, Stielansatz entfernen und Tomaten grob würfeln.
2. Zwiebel und Knoblauch abziehen und fein hacken. In einem Topf Olivenöl erhitzen, Knoblauch und Zwiebel darin glasig dünsten. Tomaten und Gemüsebrühe dazugeben und alles ca. 5 Minuten offen kochen lassen.
3. Anschließend mit dem Stabmixer pürieren und Tomatenmark unterrühren. Mit Salz und Pfeffer abschmecken, Hitze reduzieren. Die Petersilie waschen und trockenschütteln. Die Blättchen von den Stängeln zupfen und hacken. Petersilienblättchen vor dem Servieren unter die Suppe rühren.

TIPP!

Lässt man die Gemüsebrühe weg, hat man ein wunderbares Grundrezept für eine fruchtige Tomatensauce, die sich auch gut in kleinen Portionen einfrieren lässt.

MINESTRONE MIT MANDELPARMESAN

ZUBEREITUNG

1. Für die Minestrone Zucchini waschen und grob würfeln. Möhren und Kartoffel schälen und fein würfeln. Bohnen waschen, die Enden abschneiden und die Bohnen in ca. 10 Zentimeter lange Stücke schneiden. Knoblauch und Zwiebel abziehen und fein hacken.
2. Das Öl in einem großen Topf erhitzen, Zwiebel und Knoblauch darin anschwitzen. Tomaten dazugeben und mit Brühe ablöschen. Das Gemüse und die Kartoffeln dazugeben, salzen und alles so lange köcheln, bis die Kartoffelstücke und die Bohnen gar sind. Das dauert etwa 10 bis 15 Minuten.
3. Die Nudeln dazugeben und alles weitere 5 Minuten köcheln lassen. Mit Weißweinessig, Salz, Pfeffer, Cayennepfeffer und den Kräutern würzen.
4. Für den Mandelparmesan alle Zutaten in den Mixer geben und kräftig durchmixen. Den Mandelparmesan vor dem Verzehr über die Suppe streuen.

ZUTATEN

FÜR DIE MINESTRONE

1 Zucchini
2 Möhren
1 Kartoffel
100 g grüne Bohnen
1 Knoblauchzehe
1 Zwiebel
2 EL Olivenöl
1 Dose stückige Tomaten
500 ml Gemüsebrühe
Salz
50 g feine Minestronenudeln
1 EL Weißweinessig
schwarzer Pfeffer aus der Mühle
1 Messerspitze Cayennepfeffer
Thymian, Oregano und Rosmarin

FÜR DEN MANDELPARMESAN

1 Handvoll Mandeln
1 EL Hefeflocken
½ TL Salz

20 MINUTEN
3 PORTIONEN
TO GO
EINFRIERBAR
AUFWÄRMBAR

TIPP!

Den Mandelparmesan kann man auch gleich in größerer Menge auf Vorrat zubereiten. Er macht sich überall dort gut, wo man üblicherweise (Käse-)Parmesan verwenden würde.

BACKOFENGEMÜSE MIT HUMMUS

ZUBEREITUNG

1. Für das Backofengemüse Kartoffeln gründlich waschen, vierteln und auf ein Backblech legen. Mit 2 Esslöffel Öl beträufeln, mit etwas Salz bestreuen und bei 170 °C (Umluft 150 °C, Gas Stufe 2) in den Ofen geben.
2. Paprikaschoten und Zucchini waschen und putzen. Beides in grobe Stücke schneiden. Nach ca. 30 Minuten Garzeit die Kartoffeln wenden und das Gemüse auf dem Backblech verteilen.
3. Die quer halbierte Knoblauchknolle mit der Schnittfläche nach unten auf das Backblech legen. Rosmarin waschen und trockenschütteln. Mit dem restlichen Öl und dem Salz sowie dem Pfeffer über das Gemüse geben. Alles weitere 20 Minuten im Ofen backen.
4. Für den Hummus die Kichererbsen in ein Sieb geben, abbrausen und abtropfen lassen. Knoblauch abziehen. Kichererbsen und Knoblauch mit den restlichen Zutaten im Mixer oder mit dem Pürierstab zu einer glatten Masse pürieren und zum Backofengemüse servieren.

ZUTATEN

FÜR DAS BACKOFENGEMÜSE

600 g festkochende Kartoffeln
3 EL Olivenöl
1 EL grobes Salz
je 1 rote und gelbe Paprikaschote
2 kleine Zucchini
½ Knoblauchknolle
2 Zweige Rosmarin
schwarzer Pfeffer aus der Mühle

FÜR DEN HUMMUS

1 Dose Kichererbsen
1 Knoblauchzehe
3 EL Sesamöl
½ TL Salz
1 Messerspitze Cayennepfeffer
2 TL Tahin (Sesampaste)
1 EL Zitronensaft, frisch gepresst

TIPP!

Hummus ist ein echter Allrounder. Durch die Zugabe von z. B. getrockneten Tomaten, Oliven oder verschiedenen Kräutern lässt er sich ganz leicht abwandeln und schmeckt auch zum Frühstück richtig gut!

20 MINUTEN + **50** MINUTEN BACKZEIT

2 PORTIONEN

DREIERLEI BRUSCHETTA

ZUTATEN

JEWEILS 1 STANGE WEISSBROT

KLASSISCH
1 Bund Basilikum
500 g Strauchtomaten
2 weiße Zwiebeln
2–3 Knoblauchzehen
Salz
schwarzer Pfeffer aus der Mühle
2 EL Olivenöl

MIT CHAMPIGNONS UND RUCOLA
125 g braune Champignons
½ Zwiebel
1 Knoblauchzehe
1 Handvoll Rucola
1 EL Olivenöl
½ TL Pilzsalz
schwarzer Pfeffer aus der Mühle
1 EL Weißweinessig

MIT OLIVENTAPENADE
1 Bund glatte Petersilie
1 kleine rote Zwiebel
1 Knoblauchzehe
200 g grüne Oliven ohne Stein
50 g geschälte Mandeln
Salz
schwarzer Pfeffer aus der Mühle
1 EL Olivenöl

20 MINUTEN

4 PORTIONEN

FÜR ALLE REZEPTE GILT:

Brot in Scheiben schneiden und im Backofen bei 150 °C (Umluft 130 °C, Gas Stufe 1) für 10 Minuten rösten. Den fertigen Belag jeweils kurz vor dem Servieren auf den Brotscheiben verteilen.

KLASSISCH – MIT TOMATEN, BASILIKUM UND KNOBLAUCH

1. Basilikum waschen und trockenschütteln. Die Blätter von den Stängeln zupfen und hacken. Tomaten waschen, Zwiebeln und Knoblauch abziehen. Alles in feine Würfel schneiden, mit dem Basilikum vermengen, mit Salz und Pfeffer würzen und mindestens 1 Stunde ziehen lassen. Anschließend das Tomatenwasser abgießen und zum Schluss das Olivenöl dazugeben.

MIT CHAMPIGNONS UND RUCOLA

1. Champignons putzen, Zwiebel und Knoblauch abziehen, Rucola waschen und trockenschütteln. Alles in sehr kleine Würfel bzw. den Rucola in feine Streifen schneiden.
2. Das Öl in einer Pfanne heiß werden lassen und Zwiebel, Knoblauch sowie Champignons darin anschwitzen. Rucola dazugeben, mit Pilzsalz, Pfeffer und Weißweinessig würzen und alles noch etwas schmoren lassen.

MIT OLIVENTAPENADE

1. Petersilie waschen, trockenschütteln und von groben Stängeln befreien. Zwiebel und Knoblauch abziehen und grob hacken. Petersilie, Zwiebel und Knoblauch mit den restlichen Zutaten in den Mixer geben und einmal kräftig durchmixen.

KARTOFFELPÜREE MIT MEDITERRANER STIPPE

ZUTATEN

FÜR DAS KARTOFFELPÜREE

500 g vorwiegend festkochende Kartoffeln

Salz

150 ml Sojadrink

1 EL vegane Margarine

1 Prise Muskatnuss, frisch gerieben

FÜR DIE STIPPE

50 g getrocknete Tomaten in Öl (das Öl aufbewahren)

1 kleine rote Zwiebel

1 Knoblauchzehe

20 g Kürbiskerne

30 g schwarze Oliven ohne Stein

2 EL veganes grünes Pesto

schwarzer Pfeffer aus der Mühle

ZUBEREITUNG

1. Für das Kartoffelpüree die Kartoffeln schälen, würfeln und in reichlich Salzwasser gar kochen.
2. Für die Stippe getrocknete Tomaten klein schneiden, Zwiebel und Knoblauch abziehen und fein würfeln. 2 Esslöffel vom Tomatenöl in einer Pfanne erhitzen, Zwiebel und Knoblauch darin glasig dünsten. Kürbiskerne hinzufügen und kurz mit anbraten. Tomatenstücke, Oliven und Pesto unterrühren. Mit Pfeffer würzen.
3. Die Kartoffeln abgießen und mit einem Kartoffelstampfer oder einer Kartoffelpresse zu Püree verarbeiten. Sojadrink kurz erhitzen und über die gestampften Kartoffeln geben. Margarine unterrühren und mit Muskatnuss und Salz abschmecken.
4. Das Kartoffelpüree auf Tellern anrichten und die Stippe darübergeben.

30 MINUTEN

2 PORTIONEN

TO GO

AUFWÄRMBAR

TIPP!

Kartoffelpüree sollte man niemals mit einem Pürierstab herstellen, da es sonst eine schleimige Konsistenz erhält.

OFENKARTOFFELN »WESTERN STYLE«

ZUBEREITUNG

1. Für die Ofenkartoffeln den Backofen auf 250 °C (Umluft 230 °C, Gas Stufe 6) vorheizen. Die Kartoffeln gründlich waschen und mit Schale in Spalten schneiden. Knoblauch abziehen und hacken. Mit Olivenöl, Salz, Paprikapulver und Cayennepfeffer zu einer Marinade verrühren. Die Kartoffeln darin schwenken, bis sie gut mit Marinade bedeckt sind.
2. Kartoffeln auf einem Backblech verteilen und, je nach Größe der Spalten, 30 bis 45 Minuten im Ofen backen.
3. Für die BBQ-Sauce alle Zutaten mit einem Schneebesen gut verrühren. Im Idealfall die Sauce 1 Stunde ziehen lassen, damit sich die Aromen voll entfalten können. Die Sauce zu den Ofenkartoffeln servieren.

ZUTATEN

FÜR DIE OFENKARTOFFELN

5 mittelgroße festkochende Kartoffeln
2 Knoblauchzehen
3 EL Olivenöl
½ TL Salz
½ TL Rauchsalz
1 TL edelsüßes Paprikapulver, geräuchert
½ TL Cayennepfeffer

FÜR DIE BBQ-SAUCE

450 g passierte Tomaten
4 EL Ahornsirup
2 EL Apfelessig
3 EL Tamari-Sauce
1 TL edelsüßes Paprikapulver, geräuchert
½ TL Cayennepfeffer
1 TL getrockneter und gerebelter Oregano

TIPP!

Die Kartoffelspalten schmecken auch wunderbar mit Zaziki. Hierfür einfach ½ Salatgurke raspeln und mit 500 Gramm ungesüßtem Sojajoghurt, 1 gepressten Knoblauchzehe sowie Salz und Pfeffer verrühren.

15 MINUTEN + 40 MINUTEN BACKZEIT

2 PORTIONEN

FOLIENKARTOFFELN MIT GRÜNER SAUCE

ZUTATEN

FÜR DIE FOLIENKARTOFFELN

4 große mehlig- oder überwiegend festkochende Kartoffeln

2 EL Olivenöl

1 TL grobes Meersalz

FÜR DIE GRÜNE SAUCE

100 g Kichererbsen aus der Dose

100 g Seidentofu

1 Prise Kala Namak

150 g gemischte Kräuter für grüne Sauce, alternativ je 25 g Borretsch, Kerbel, Petersilie, Kresse, Pimpinelle, Sauerampfer und Schnittlauch

40 g Sojajoghurt

1 TL Senf

1 TL Zucker

Salz

ZUBEREITUNG

1. Für die Folienkartoffeln den Backofen auf höchste Stufe vorheizen. Die Kartoffeln gut abbürsten und abtrocknen. Aus Alufolie 4 Rechtecke reißen, diese mit Olivenöl bestreichen und mit Meersalz bestreuen. Die Kartoffeln fest in die Alufolie wickeln und mehrfach einstechen. 40 Minuten bis 1 Stunde – je nach Größe der Kartoffeln – im Ofen garen.
2. In der Zwischenzeit die grüne Sauce zubereiten. Hierfür Kichererbsen in ein Sieb geben, abbrausen und zusammen mit dem Seidentofu mit einer Gabel grob zerdrücken. Mit Kala Namak würzen und beiseitestellen. Die Kräuter waschen, trockenschleudern und von den groben Stängeln befreien. Anschließend mit 2 Esslöffel Joghurt, Senf, Zucker und 1 Teelöffel Salz im Mixer vermixen – die Kräuter sollten allerdings noch erkennbar sein.
3. Den restlichen Joghurt unterrühren und zum Schluss vorsichtig die Tofu-Kichererbsen-Masse unterheben. Mit Salz abschmecken.
4. Die Kartoffeln aus dem Ofen nehmen, noch heiß in der Mitte längs aufschneiden und aufklappen. Mit grüner Sauce gefüllt servieren.

10 MINUTEN + **50** MINUTEN BACKZEIT

2 PORTIONEN

TIPP!

Dieses Rezept eignet sich besonders gut für Pellkartoffeln vom Vortag. Bei vorgekochten Kartoffeln verringert sich die Zeit im Ofen auf 15 Minuten. Wenn die angegebenen Kräuter nicht zu bekommen sind, lohnt sich ein Blick ins Kühlregal: Die 7- oder 8-Kräuter-Mischungen enthalten meist die gleichen Kräuter. Erhältlich sind sie von bekannteren TK-Produzenten oder auch im Discounter.

KARTOFFELGRATIN

ZUBEREITUNG

1. Knoblauchzehen abziehen. 1 Knoblauchzehe längs halbieren und mit den Schnittflächen eine Auflaufform ausreiben. Die Form anschließend mit veganer Margarine einfetten.
2. Sojasahne und Sojajoghurt in ein hohes Gefäß geben und mit einem Schneebesen glatt rühren. Die andere Knoblauchzehe hineinpressen. Mit Salz, Pfeffer, Muskatnuss, Paprikapulver, Zwiebelgranulat und den Kräutern würzen.
3. Kartoffeln schälen und am besten mit einem Gurkenhobel in möglichst dünne Scheiben schneiden. Je dünner die Scheiben, desto geringer die Garzeit im Ofen.
4. Die Kartoffelscheiben dachziegelartig in die Auflaufform schichten. Jede Schicht separat mit Salz würzen und mit einigen Löffeln des Sahnegemischs überziehen. Zum Schluss den Rest der Sauce über die Kartoffeln geben und mit dem geriebenen Käse bestreuen.
5. Das Kartoffelgratin im Ofen bei 200 °C (Umluft 180 °C, Gas Stufe 3–4) 35 bis 45 Minuten backen.

ZUTATEN

2 Knoblauchzehen
vegane Margarine zum Einfetten
350 g Sojasahne
100 g ungesüßter Sojajoghurt
Salz
schwarzer Pfeffer aus der Mühle
Muskatnuss, frisch gerieben
1 Messerspitze rosenscharfes Paprikapulver
1 TL Zwiebelgranulat
1 TL getrockneter und gerebelter Majoran
1 TL getrockneter und gerebelter Thymian
750 g festkochende Kartoffeln
150 g geriebener veganer Käse (z. B. von Wilmersburger)

15 MINUTEN + 45 MINUTEN BACKZEIT

2 PORTIONEN

AUFWÄRMBAR

TIPP!

Zum Überbacken kann man auch eine Béchamelsauce selbst herstellen. Dazu 20 Gramm vegane Butter (z.B. von Alsan) in einem Topf schmelzen und darin 20 Gramm Mehl anschwitzen. Mit 100 Milliliter Gemüsebrühe ablöschen und unter ständigem Rühren aufkochen. Mit 1 Schuss Sojasahne, Weißweinessig, Salz und Pfeffer verfeinern.

SALTIMBOCCA ALLA ROMANA

ZUTATEN

200 g Seitan (selbst gemacht oder gekauft)
4 EL Sojasauce
100 g Räuchertofu
6 große Salbeiblätter
2 EL Öl
Salz
schwarzer Pfeffer aus der Mühle
3 EL trockener Weißwein
1 EL vegane Margarine

ZUBEREITUNG

1. Den Seitan in 6 kleine, dünne Schnitzel schneiden und in einen tiefen Teller legen. Mit Sojasauce begießen und ca. 30 Minuten darin marinieren. Räuchertofu in 6 dünne Scheiben schneiden.
2. Nach Ende der Marinierzeit Seitan aus der Sojasauce nehmen und vorsichtig mit Küchenpapier abtupfen. Anschließend mit jeweils 1 Scheibe Räuchertofu und 1 Salbeiblatt belegen. Mit Zahnstochern fixieren.
3. Das Öl in einer Pfanne erhitzen und die Schnitzel darin bei mittlerer Hitze von jeder Seite ca. 3 Minuten anbraten. Die nicht belegte Seite mit Salz und Pfeffer würzen. 1 Esslöffel Weißwein über die Schnitzel träufeln und diese anschließend warm stellen.
4. Den Bratensatz mit dem restlichen Weißwein lösen und die Margarine darin schmelzen lassen. Die Sauce über die Schnitzel geben.

TIPP!

Diese vegane Variante eines italienischen Klassikers überzeugt auch hartgesottene Fleischesser. Mit frischem Weißbrot und einem Glas trockenem Weißwein ist es das ideale Gericht, wenn spontan Gäste vorbeikommen.

10 MINUTEN + **30** MINUTEN MARINIEREN

2 PORTIONEN

LIEBLINGSNUDELN

ZUBEREITUNG

1. Nudeln nach Packungsanweisung in reichlich Salzwasser bissfest garen. Anschließend in ein Sieb schütten und kurz kalt abbrausen. Abtropfen lassen und mit Rapsöl vermengen, damit sie nicht zusammenkleben.
2. Räuchertofu würfeln. Margarine in einer Pfanne erhitzen und den Räuchertofu darin scharf anbraten.
3. Sahne, Liebstöckel und Erbsen dazugeben und alles köcheln lassen, bis die Sahne cremig ist und die Erbsen aufgetaut sind. Anschließend die Nudeln unterheben und alles mit Salz und Pfeffer abschmecken.

ZUTATEN

250 g Bandnudeln
Salz
1 EL Rapsöl
200 g Räuchertofu
1 EL vegane Margarine
200 g Sojasahne
1 EL Liebstöckel, gehackt
100 g feine Erbsen (TK)
schwarzer Pfeffer aus der Mühle

15 MINUTEN

2 PORTIONEN

TO GO

AUFWÄRMBAR

TIPP!

Dieses Gericht ist eigentlich eine Variante der veganen Spaghetti Carbonara und kann ganz leicht zu einer solchen abgewandelt werden: Einfach Liebstöckel und Erbsen weglassen, dafür den Räuchertofu mit Zwiebeln anbraten und am Ende klein gehackte frische Petersilie dazugeben.

ZUCCHINISPAGHETTI MIT CREMIGER AVOCADO

ZUTATEN

2 Zucchini
2 Knoblauchzehen
1 Avocado
1 Gurke
1 EL Zitronensaft, frisch gepresst
½ TL schwarzer Pfeffer
½ TL Salz
8 Kirschtomaten
1 kleines Bund Rucola

10 MINUTEN

2 PORTIONEN

TO GO

ROHKOST

MIXER

ZUBEREITUNG

1. Zucchini waschen und mit einem Spiralschneider oder einem Julienneschneider zu Spaghetti verarbeiten.
2. Knoblauch abziehen. Die Avocado halbieren, den Kern entnehmen und das Fruchtfleisch mit einem Löffel herausschaben. Die Gurke schälen und ganz grob würfeln.
3. Für die Creme das Fruchtfleisch der Avocado, Gurke, Zitronensaft, Knoblauch, Pfeffer und Salz in einen leistungsfähigen Mixer geben und zu einer feinen Creme verarbeiten.
4. Die Zucchinispaghetti mit der Avocado-Gurken-Creme vermischen und auf Teller geben.
5. Tomaten waschen und halbieren, Rucola waschen und von groben Stängeln befreien. Beides auf den Zucchinispaghetti verteilen.

TIPP!

Dieses Gericht ist rohköstlich, die Zutaten werden also nicht erwärmt. Nicht nur aus Zucchini, auch aus Möhren, Roten Beten oder Süßkartoffeln kann man Rohkostspaghetti machen. Wer das häufiger tut, für den könnte sich die Anschaffung eines guten Spiralschneiders lohnen.

NUDELN MIT PESTOVARIANTEN

ZUBEREITUNG

TOMATEN-WALNUSS-PESTO
4 Knoblauchzehen
½ Bund Petersilie
200 g Walnüsse
100 g getrocknete Tomaten in Öl
150 ml Olivenöl
2 EL Tomatenmark
1½ EL Hefeflocken
grobes Meersalz
schwarzer Pfeffer aus der Mühle

SELLERIE-MANDEL-PESTO
¼ Bund Stangensellerie mit Grün
1 Schalotte
50 g Mandeln
3 EL Olivenöl
1 EL Hefeflocken
1 TL Salz

AUSSERDEM
100 g Nudeln pro Person
Salz

NUDELN MIT TOMATEN-WALNUSS-PESTO

1. Nudeln nach Packungsanweisung in reichlich Salzwasser bissfest garen.
2. In der Zwischenzeit Knoblauch abziehen. Petersilie waschen, trockenschütteln und von den groben Stängeln befreien. Knoblauch und Petersilie mit Walnüssen, getrockneten Tomaten, Olivenöl, Tomatenmark, Hefeflocken, etwas Meersalz und Pfeffer in den Mixer geben und pürieren.
3. Die Nudeln abgießen und mit der gewünschten Menge Pesto verrühren.

NUDELN MIT SELLERIE-MANDEL-PESTO

1. Nudeln nach Packungsanweisung in reichlich Salzwasser bissfest garen.
2. In der Zwischenzeit Stangensellerie waschen, putzen und mit Grün grob zerkleinern. Schalotte abziehen und würfeln. Mit Mandeln, Olivenöl, Hefeflocken und Salz in den Mixer geben und zu einem Pesto verarbeiten.
3. Die Nudeln abgießen und mit der gewünschten Menge Pesto verrühren.

15 MINUTEN

1 GLAS PESTO

TIPP!

Mit einer dünnen Schicht Öl bedeckt halten sich die Pestos in einem sauberen Schraubglas gekühlt bis zu 10 Tage.

PFANNKUCHEN MIT CHAMPIGNONRAHM

ZUBEREITUNG

1. Für den Champignonrahm die Steinpilze am besten bereits morgens kurz unter fließendem Wasser abbrausen und anschließend in einem Glas lauwarmem Wasser bis zum Abend einweichen (mindestens aber 1 Stunde).
2. Für die Pfannkuchen alle Zutaten – bis auf die Margarine – in eine Schüssel geben und gut verrühren.
3. Steinpilze abgießen und fein hacken. Champignons putzen und in Scheiben schneiden. Schalotte abziehen und ebenfalls fein hacken. Das Öl in einer Pfanne erhitzen und die Schalotte darin glasig andünsten. Champignons dazugeben und anbraten. Alles mit Sojasahne ablöschen und die Steinpilze hinzufügen.
4. Alles kurz aufkochen, anschließend die Hitze reduzieren. Den Weißwein angießen und den Champignonrahm salzen. Die Pfefferbeeren im Mörser grob zerstoßen und in die Sauce geben.
5. Margarine in einer heißen Pfanne schmelzen lassen, den Pfannkuchenteig mit einer Schöpfkelle portionsweise in die Pfanne geben. Bei einer mittelgroßen Pfanne ergibt der Teig 4 Pfannkuchen. Diese jeweils von beiden Seiten goldbraun backen.
6. Den Champignonrahm auf die Pfannkuchen geben und diese mittig zusammenklappen.

ZUTATEN

FÜR DEN CHAMPIGNONRAHM

10 g getrocknete Steinpilze
100 g braune Champignons
1 Schalotte
1 EL neutrales Pflanzenöl
100 g Sojasahne
1 Schuss trockener Weißwein
Salz
1 TL rosa Pfefferbeeren

FÜR DIE PFANNKUCHEN

250 g Mehl Type 550
½ Päckchen Backpulver
375 ml sprudelndes Mineralwasser
1 Prise Salz
1 EL vegane Margarine

30 MINUTEN + 60 MINUTEN EINWEICHEN

2 PORTIONEN

TIPP!

Das Rezept für die Pfannkuchen kann auch ganz einfach in eine süße Variante umgewandelt werden. Dazu 100 Gramm Rohrohrzucker zum Teig geben. Die Pfannkuchen mit Marmelade, Ahornsirup oder der Schokocreme von S. 51 genießen.

GEMÜSESTRUDEL

ZUTATEN

2 Frühlingszwiebeln
1 Knoblauchzehe
200 g braune Champignons
150 g Aubergine
200 g Zucchini
50 g grüne Oliven ohne Stein
70 g getrocknete Tomaten (nicht in Öl!)
2 EL Olivenöl
1 EL Tomatenmark
2 EL Gemüsebrühe
Salz
schwarzer Pfeffer aus der Mühle
getrockneter Oregano
getrockneter Salbei
getrockneter Rosmarin
150 g Filo-, Strudel- oder Yufkateig

20 MINUTEN + 30 MINUTEN BACKZEIT + 10 MINUTEN ABKÜHLZEIT

2 PORTIONEN

ZUBEREITUNG

1. Frühlingszwiebeln waschen, putzen und in feine Ringe schneiden. Knoblauch abziehen und fein hacken. Champignons putzen und würfeln. Aubergine und Zucchini waschen, putzen und in feine Würfel schneiden. Oliven und getrocknete Tomaten fein hacken.
2. 1 Esslöffel Öl in einer großen Pfanne erhitzen. Knoblauch und Frühlingszwiebeln darin anbraten, dabei aber darauf achten, dass sie nicht verbrennen. Anschließend Auberginen- und Zucchiniwürfel in die Pfanne geben und mitbraten.
3. Nach 3 bis 4 Minuten die Champignons dazugeben und ebenfalls mitbraten. Oliven und getrocknete Tomaten hinzufügen. Tomatenmark und Gemüsebrühe verrühren und das Gemüse damit ablöschen. Mit Salz, Pfeffer und den Kräutern würzen und abkühlen lassen. Gibt man die Masse zu heiß auf den Teig, reißt dieser beim Rollen, und es besteht die Gefahr, dass man sich die Finger verbrennt. Den Backofen auf 200 °C (Umluft 180 °C, Gas Stufe 3–4) vorheizen.
4. Wenn die Masse abgekühlt ist, den Teig auf einem leicht feuchten, sehr sauberen Küchentuch ausbreiten und die Masse auf das untere Drittel geben. Dabei noch so viel Platz lassen, dass die Enden der »Strudelwurst« eingeschlagen werden können. Die Oberseite des Strudels mit dem restlichen Olivenöl bestreichen und nach Belieben mit Rosmarin bestreuen. Den Gemüsestrudel einschlagen, auf ein mit Backpapier belegtes Backblech legen und ca. 30 Minuten im Ofen backen.

RUSTIKALER ERBSENEINTOPF

ZUBEREITUNG

1. Die Erbsen in 500 Milliliter Wasser über Nacht einweichen. Den Räuchertofu am nächsten Tag in feine Würfel schneiden. Porree putzen, waschen und in feine Ringe schneiden. Zwiebel abziehen und fein würfeln. Möhren, Sellerie und Kartoffeln schälen und ebenfalls fein würfeln.
2. Die Erbsen mit dem Einweichwasser zum Kochen bringen. Nach etwa 30 Minuten den Räuchertofu, die Porreeringe, die Möhren-, Sellerie- und Kartoffelwürfel sowie das Lorbeerblatt zugeben.
3. Die Zwiebelwürfel in einer kleinen Pfanne in heißem Öl anbraten, dann ebenfalls in die Suppe geben. Die Gemüsebrühe angießen und alles nochmals 30 Minuten kochen lassen.
4. Anschließend das Lorbeerblatt entfernen und die Suppe mit dem Kartoffelstampfer grob pürieren. Mit Salz und Pfeffer abschmecken. Nach Belieben noch 250 Gramm klein geschnittene vegane Würstchen – z. B. Chorizo von Wheaty – in die Suppe geben. Heiß servieren.

ZUTATEN

150 g getrocknete grüne Schälerbsen
150 g kräftiger Räuchertofu (z. B. von Viana)
100 g Porree
1 Zwiebel
100 g Möhren
50 g Knollensellerie
150 g Kartoffeln
1 Lorbeerblatt
1 EL Öl
250 ml Gemüsebrühe
Salz
schwarzer Pfeffer aus der Mühle
vegane Würstchen nach Belieben

60 MINUTEN + 8 STUNDEN EINWEICHEN

3 PORTIONEN

EINFRIERBAR

TO GO

TIPP!

Wenn es schneller gehen soll, einfach TK-Erbsen verwenden. So entfällt die Einweichzeit, und die Kochzeit verringert sich auf ca. 30 Minuten. Diese Suppe kann natürlich hervorragend auf Vorrat gekocht und eingefroren werden. Sie schmeckt mit jedem Aufwärmen besser!

STEINPILZRISOTTO

ZUTATEN

40 g getrocknete Steinpilze
1 kleine Zwiebel
2–3 EL vegane Margarine
350 g Risottoreis
100 ml trockener Weißwein
500 ml Gemüsebrühe
1 Schuss Sojasahne
Salz
schwarzer Pfeffer aus der Mühle
1 EL gehackte Petersilie

ZUBEREITUNG

1. Steinpilze kräftig, aber kurz unter fließendem kaltem Wasser abspülen. In lauwarmem Wasser einweichen, am besten in einem durchsichtigen Gefäß. Das Wasser soll dabei eine dunkelbraune Farbe bekommen.
2. Zwiebel abziehen und würfeln. In einem Topf 1 Esslöffel Margarine schmelzen lassen und die Zwiebeln darin bei mittlerer Hitze glasig dünsten.
3. Anschließend den Reis dazugeben und auch diesen glasig dünsten. Die Pilze aus dem Einweichwasser nehmen und grob klein schneiden. Zum Reis in den Topf geben, das Ganze mit dem Einweichwasser ablöschen. Vorsicht: Sand, der sich eventuell auf dem Boden des Gefäßes abgesetzt hat, sollte in diesem zurückbleiben.
4. Mit Wein ablöschen und unter ständigem Rühren bei mittlerer Hitze die Flüssigkeit bis auf ein Drittel einreduzieren lassen. Nach Bedarf so lange Gemüsebrühe unter ständigem Rühren dazugeben und einreduzieren lassen, bis der Reis »al dente« ist.
5. Restliche Margarine und die Sojasahne dazugeben, ein wenig weiterköcheln lassen und mit Salz und Pfeffer abschmecken. Zum Schluss die Petersilie unterheben.

30 MINUTEN + **60** MINUTEN EINWEICHEN

2 PORTIONEN

TIPP!

Die Cremigkeit des Risottos entsteht übrigens nicht – wie viele glauben – durch die Zugabe von Parmesankäse, sondern weil durch das Rühren Stärke aus den Reiskörnern herausgelöst wird.

FRIKASSEE

ZUTATEN

1 Dose Mock Chicken (aus dem Asia-Laden)
100 g braune Champignons
1 Möhre
1 EL neutrales Pflanzenöl
1 kleines Glas Spargel
½ Bund Schnittlauch
20 g vegane Margarine
20 g Mehl
375 ml Gemüsebrühe
Salz
weißer Pfeffer aus der Mühle
1 TL Zitronensaft, frisch gepresst
1 Prise Zucker
1 EL Hefeflocken
1 EL Weißwein
100 g feine Erbsen (TK)
1 EL Kapern

20 MINUTEN

2 PORTIONEN

ZUBEREITUNG

1. Mock Chicken abgießen und in kleine Stücke schneiden. Champignons putzen und vierteln. Möhre schälen und in dünne Scheiben schneiden.
2. Das Öl in einer Pfanne erhitzen, Champignons und Möhrenscheiben darin anbraten, anschließend herausnehmen und beiseitestellen. Spargel abgießen und in kurze Stücke schneiden. Schnittlauch waschen, trockenschütteln, in Röllchen schneiden und ebenfalls beiseitestellen.
3. In einem Topf die Margarine zerlassen und das Mehl darin unter Rühren anschwitzen. Mit Brühe ablöschen und unter Rühren aufkochen lassen. Mit Salz, Pfeffer, Zitronensaft, Zucker, Hefeflocken und Wein würzen. Hitze reduzieren.
4. Mock Chicken, Erbsen, angebratene Möhrenscheiben und Pilze, Kapern, Spargel und Schnittlauch in die Sauce geben und erhitzen. Sollte die Sauce noch nicht sämig genug sein, mit etwas Speisestärke abbinden.

TIPP!

»Mock Chicken« gibt es in jedem Asia-Laden zu kaufen. Es handelt sich hierbei um geschmorte eingelegte Seitanstücke. Man findet dort auch andere Sorten wie z. B. »Mock Duck«.

YAKISOBA

ZUBEREITUNG

1. Für die Nudeln die Soba-Nudeln nach Packungsanweisung gar kochen, in ein Sieb schütten und mit viel kaltem Wasser abbrausen. Danach gut abtropfen lassen.
2. Pilze putzen und in Scheiben schneiden, Zucchini waschen, putzen, längs halbieren und ebenfalls in Scheiben schneiden. Möhre schälen und in Scheiben schneiden. Pak Choi gründlich waschen, putzen und in schmale Streifen schneiden. Sojabohnenkeimlinge in ein Sieb geben, waschen und abtropfen lassen.
3. Für die Sauce Ingwer schälen, Knoblauch abziehen. Beides mit den übrigen Zutaten für die Sauce pürieren.
4. Das Sesamöl in einer Pfanne oder einem Wok erhitzen. Möhre, Shiitakepilze, Pak-Choi-Streifen und Zucchini hineingeben und ca. 5 Minuten anbraten. Die Nudeln dazugeben und ebenfalls scharf anbraten. Nicht zu oft rühren, es soll sich eine schöne Kruste auf den Nudeln bilden.
5. Sauce und Sojabohnenkeimlinge hinzufügen und alles zusammen noch ca. 5 Minuten auf dem Herd ziehen lassen. In einer Schale servieren.

ZUTATEN

FÜR DIE NUDELN

250 g Soba-Nudeln (aus Weizen, nicht aus Buchweizen)
5 Shiitakepilze
1 kleine Zucchini
1 kleine Möhre
1 kleiner Pak Choi
1 Handvoll Sojabohnenkeimlinge
1 EL Sesamöl

FÜR DIE SAUCE

2 cm frische Ingwerwurzel
2 Knoblauchzehen
2 EL Sesamöl
1 EL Sriracha (scharfe Chilisauce aus dem Asia-Laden)
3 EL helle Sojasauce
2 EL Mirin (japanischer Reiswein zum Kochen)
1 EL Reisessig
½ TL Zucker

30 MINUTEN

2 PORTIONEN

TO GO

TIPP!

Dieses Gericht unbedingt in einer beschichteten Pfanne oder in einem Wok zubereiten, da ansonsten die köstliche Kruste am Pfannenboden zurückbleiben könnte.

PARTY-TIME

LECKERE IDEEN FÜR FESTE UND SNACKS

Nicht nur zu Hause, auch am Arbeitsplatz wird bisweilen gefeiert. Der Einstand der neuen Kollegin, ein Jubiläum, eine Geburtstagsfeier – irgendeinen Anlass gibt es immer. Wenn man den Kolleginnen und Kollegen ein paar vegane Leckereien mitbringt, um das vorhandene Angebot an Frikadellen und Brötchen mit Aufschnitt zu erweitern, kann man dieses auf ganz unterschiedliche Art und Weise tun.

Natürlich können Sie diverse Klassiker in einer veganen Variante mitbringen, egal, ob Frikadellen oder Brötchen mit Mett, Wurst und Käse. Sie werden für all das und mehr Rezepte und entsprechende Produkte leicht finden.

KREATIVE IDEEN FÜR JEDEN GESCHMACK

Es könnte dann natürlich passieren, dass die veganen Varianten mit den tierischen verglichen werden. Da wird nicht jedes Urteil positiv ausfallen, denn viele sind eben bestimmte Geschmäcker von tierischen Produkten gewöhnt, und eine Tofuwurst schmeckt nun einmal anders – ungewohnt – als eine Bratwurst vom Schwein. Außerdem wird man sich vermutlich die Frage anhören müssen, warum Veganer überhaupt Produkte essen, die aussehen und schmecken wie tierische Produkte. Natürlich kann man einfach antworten, dass man eben nicht aus Geschmacksgründen, sondern aus ethischen oder gesundheitlichen Gründen vegan lebt. Man kann sich das Ganze aber auch sparen und einfach ein paar kreativere Gerichte für die Feier vorbereiten. Bei Süßspeisen kann man zudem den Beweis antreten, dass Kuchen & Co. auch ohne Eier, Milch und Butter absolut lecker schmecken.

WERBUNG FÜR GESUNDE PFLANZLICHE KOST

Es gibt letztlich doch nichts Überzeugenderes als richtig leckeres Essen, wenn man die Kollegen für eine vegane Ernährungsweise begeistern möchte. Deswegen sollte man solche Gelegenheiten auch nutzen, ein wenig Werbung für eine gesündere pflanzliche Ernährung zu machen. So kommt man positiv ins Gespräch, ganz ohne Dogmatismus und erhobenen Zeigefinger, denn sicherlich sind die meisten Mitmenschen durchaus offen und interessiert an einer Ernährungsweise, die ja immer populärer wird.

Die beste Taktik ist sogar in der Regel, gar nicht erst darauf hinzuweisen, dass das Mitgebrachte vegan ist. Einfach »heimlich« das vorbereitete Essen zum Büfett dazustellen und abwarten, bis man anerkennende Worte vernimmt. Dann darf man der Kollegin oder dem Kollegen natürlich gerne zuflüstern, dass sie oder er gerade Opfer einer heimtückischen veganen Überrumpelungstaktik geworden ist – und den erstaunten Gesichtsausdruck genießen.

GRÜNKOHLCHIPS & CO.

Auch für Kartoffelchips vor dem Fernseher oder für den kleinen Hunger auf was Süßes zwischendurch gibt es deutlich gesündere Alternativen. Ein gutes Beispiel sind Chips aus Grünkohl oder Wirsing, die in den USA längst schon ein ganz großer Renner sind und auch hierzulande schon in den ersten Bio-Läden und veganen Supermärkten auftauchen. Man kann sich Grünkohlchips allerdings auch viel günstiger und ganz einfach zu Hause zubereiten. Chips aus Grünkohl klingt seltsam? Keine Angst: Bislang hat sich noch jeder Tester begeistert gezeigt, wenn ich ihm einmal diese neue Art von gesunden Chips zum Probieren gegeben habe.

Ganz einfach blitzschnell zuzubereiten und wunderbar zum Mitnehmen sind außerdem Energiebällchen oder auch Energieriegel. So kann man den kleinen Hunger zwischendurch oder den Appetit auf Süßes mit gutem Gewissen stillen, egal, ob im Büro oder abends auf der heimischen Couch.

HERZHAFTE TOMATENMUFFINS

ZUTATEN

250 g Sojajoghurt
4 Zweige Rosmarin
10 Zweige Thymian
300 g kleine Kirschtomaten
120 g Räuchertofu
80 ml Olivenöl
75 ml ungesüßter Pflanzendrink
2 EL Sojamehl
300 g Mehl
2 TL Backpulver
1/2 TL Salz
75 g Hefeflocken
Fett für die Form

15 MINUTEN + 25 MINUTEN BACKZEIT + 8 STUNDEN ABTROPFZEIT

12 MUFFINS

TO GO

ZUBEREITUNG

1. Den Sojajoghurt in ein sauberes Küchentuch geben und über Nacht in einer Schüssel abtropfen lassen.
2. Den Backofen auf 200 °C (Umluft 180 °C, Gas Stufe 3–4) vorheizen. Rosmarin und Thymian waschen und trockenschütteln. Die Rosmarinnadeln von den Zweigen streifen, die Thymianblättchen abzupfen und beides fein schneiden. Die Tomaten waschen, die Hälfte davon halbieren. Räuchertofu in 12 dünne Scheiben schneiden.
3. Olivenöl, abgetropften Sojajoghurt, Pflanzendrink und Sojamehl verrühren. Mehl und Backpulver mischen und mit den Kräutern, Salz und den Hefeflocken zu einem zähen Teig verrühren.
4. Eine Muffinform mit 12 Mulden einfetten und die Hälfte des Teigs hineingeben.
5. Die halbierten Tomaten in die Mulden geben. Jeweils eine Räuchertofuscheibe zusammenklappen und darübergeben. Anschließend den restlichen Teig und die restlichen Tomaten in die Mulden füllen.
6. Die Muffins auf der zweiten Schiene von unten ca. 25 Minuten im Ofen backen.

TIPP!

Durch das Abtropfen des Sojajoghurts über Nacht entsteht ein festerer Sojaquark, der auch als Grundlage z. B. für Kräuterquark oder Quarkspeisen benutzt werden kann.

TOFUWÜRSTCHEN IM SCHLAFROCK

ZUBEREITUNG

1. Blätterteig ausrollen und in 8 gleich große Stücke schneiden. Den Backofen auf 180 °C (Umluft 160 °C, Gas Stufe 2–3) vorheizen.
2. Die Margarine in einem kleinen Topf schmelzen und Tomatenmark, Oregano sowie Chilisauce darin verrühren. Mit Salz würzen.
3. Die Blätterteigstücke diagonal zur Hälfte – sozusagen als Dreieck – mit der Masse bestreichen, den anderen, äußeren Rand mit Pflanzenmilch bestreichen.
4. Die Würstchen auf die mit der Tomatenmarkmischung bestrichenen Hälften der Blätterteigstücke legen und die Stücke zusammenrollen. Mit Pflanzenmilch bestreichen und mit Sesam garnieren. Ca. 15 Minuten im heißen Ofen backen.

ZUTATEN

1 Packung veganer Blätterteig (275 g, aus dem Kühlregal)
3 EL vegane Margarine
8 EL Tomatenmark
2 EL getrockneter und gerebelter Oregano
1 TL Chilisauce (aus dem Asia-Laden)
Salz
3–4 EL Pflanzenmilch
8 vegane Wiener Würstchen
2 EL Sesamsamen

TIPP!

Vegane Wiener Würstchen bekommt man u. a. von den Herstellern Wheaty, Taifun und Vantastic Foods. Manche Produkte basieren auf Tofu, andere auf Seitan. Hier einfach mal durchprobieren!

10 MINUTEN + 15 MINUTEN BACKZEIT

8 STÜCK

TO GO

GRÜNKOHLCHIPS

ZUTATEN

250 g Grünkohl
3 EL Olivenöl
½ TL Salz
1 TL rosenscharfes Paprikapulver
½ TL Chiliflocken

ZUBEREITUNG

1. Die Grünkohlblätter vom Strunk befreien und in mundgerechte Stücke zupfen. Anschließend waschen und trockenschleudern bzw. trockentupfen.
2. Aus Öl, Salz, Paprikapulver und Chili in einer großen Schüssel eine Marinade anrühren und den Grünkohl hineingeben. Am besten mit den Händen vermengen und den Grünkohl ein wenig durchmassieren, damit alle Blätter gleichmäßig mariniert werden.
3. Den Backofen auf 100 °C (Umluft 75 °C, Gas Stufe 1) vorheizen. Zwei Backbleche mit Backpapier auslegen und die Grünkohlblätter einlagig darauf verteilen. Die Blätter sollten nicht übereinanderliegen!
4. Backbleche in den vorgeheizten Ofen schieben und einen Holzlöffel in die Ofentür klemmen, damit feuchte Luft entweichen kann. 30 bis 45 Minuten backen, zwischendurch die Bleche umdrehen, damit die Chips gleichmäßig gebräunt werden.

20 MINUTEN + **45** MINUTEN BACKZEIT

1 PORTION

TO GO

TIPP!

Die Grünkohlblätter sollten vor dem Marinieren vollständig getrocknet sein, da sie sonst im Ofen matschig werden. Wer ein Dörrgerät zu Hause hat, gibt die Grünkohlchips für mindestens 8 Stunden in das Gerät.

SOMMERROLLEN MIT ERDNUSSDIP

ZUBEREITUNG

1. Für die Sommerrollen Tofu in 10 Streifen schneiden. Pak Choi und Frühlingszwiebeln waschen und putzen; Pak Choi in Blätter teilen, Frühlingszwiebeln in Ringe schneiden. Sojabohnenkeimlinge in ein Sieb geben, waschen und abtropfen lassen. Thaibasilikum und Koriander ebenfalls waschen und trockentupfen.
2. Reisnudeln mit 500 Milliliter heißem Wasser übergießen und 5 Minuten ziehen lassen.
3. Das Sesamöl in einer Pfanne erhitzen und die Tofustreifen darin auf beiden Seiten kross anbraten.
4. Ein Gefäß mit dem Durchmesser der Reispapierblätter mit Wasser füllen. Jeweils 1 Reispapierblatt kurz einweichen lassen und anschließend auf einem feuchten Küchentuch auslegen. Im unteren Drittel des Reispapierblatts – zu den Rändern hin mindestens 5 Zentimeter Platz lassen – 1 Pak-Choi-Blatt auslegen und darauf die anderen Zutaten der Füllung platzieren. Zum Schluss 1 Thaibasilikumblatt und 1 Korianderstängel daraufgeben. Die Seitenränder darüberklappen und die Blätter mit leichtem Druck aufrollen. Auf diese Weise 9 weitere Rollen zubereiten.
5. Für den Erdnussdip alle Zutaten mit 100 Milliliter Wasser im Mixer oder mit dem Pürierstab verrühren. Den Erdnussdip zu den Sommerrollen servieren.

ZUTATEN

FÜR DIE SOMMERROLLEN

200 g schnittfester Naturtofu
2 kleine Pak Choi
3 Frühlingszwiebeln
100 g frische Sojabohnenkeimlinge
10 Blättchen Thaibasilikum
10 Stängel Koriander
100 g Reisnudeln
1 EL Sesamöl
10 Blätter Reispapier

FÜR DEN ERDNUSSDIP

150 g Erdnussbutter
6 EL Reisessig
5 EL helle Sojasauce
2 EL Agavendicksaft
2 EL Sriracha (scharfe Chilisauce aus dem Asia-Laden)
2 TL Sesamöl
1 TL Salz

30 MINUTEN

2 PORTIONEN

TO GO

TIPP!

Für den Transport eine große flache Dose nutzen, ein wenig Platz zwischen den Rollen lassen, da diese sonst zusammenkleben. Wenn man zweilagig stapelt, eine Lage Klarsichtfolie dazwischenpacken.

SCHNITTLAUCH-KÄSE-CREME AUF KNOBLAUCHBAGUETTE

ZUTATEN

FÜR DIE SCHNITTLAUCH-KÄSE-CREME

½ Bund Schnittlauch

250 ml ungesüßte Pflanzenmilch (ganz wichtig – gut geeignet ist z. B. der neutrale Sojadrink von Alnatura)

30 g Nährhefe

½ TL Salz

1½ TL Senf

1 TL Zwiebelgranulat

1 TL Knoblauchgranulat

1 TL Kurkuma

2 EL Olivenöl

½ TL Guarkernmehl

1 Messerspitze Cayennepfeffer

FÜR DAS KNOBLAUCHBAGUETTE

1 Baguette

4 schwarze Knoblauchzehen

80 g vegane Margarine (z. B. Alsan)

1 TL Meersalz

je 1 Handvoll gehackte Petersilie und Schnittlauchröllchen (frisch oder TK)

ZUBEREITUNG

1. Den Backofen auf 200 °C (Umluft 180 °C, Gas Stufe 3–4) vorheizen.
2. Für die Schnittlauch-Käse-Creme Schnittlauch waschen, trockenschütteln und in Röllchen schneiden. Mit einem Pürierstab den Schnittlauch sowie die restlichen Zutaten für die Käsecreme mixen, bis die Masse angedickt ist. Wenn sie kühl gestellt wird, dickt sie noch nach.
3. Für das Knoblauchbaguette das Baguette längs aufschneiden. Knoblauch abziehen und fein hacken, mit Margarine, Salz und Kräutern vermischen. Das Baguette mit der Knoblauchcreme bestreichen.
4. Baguette in Alufolie einschlagen und für ca. 10 Minuten im Ofen aufbacken. Die Schnittlauch-Käse-Creme zum Knoblauchbaguette servieren.

15 MINUTEN + 10 MINUTEN BACKZEIT

2 PERSONEN

TO GO

TIPP!

Schwarzer Knoblauch ist fermentiert, er entwickelt im Gegensatz zum bekannten weißen Knoblauch keinen starken Geruch. Deswegen ist er für Gerichte, die man im Büro zu sich nimmt, besonders geeignet.

ZWETSCHGENCRUMBLE

ZUTATEN

750 g reife Zwetschgen
90 g vegane Margarine
60 g Zucker
2 Prisen Salz
1½ TL gemahlener Zimt
1 EL Zitronensaft, frisch gepresst
1 EL Garam Masala
Fett für die Form
100 g zarte Haferflocken
90 g brauner Zucker
75 g Mehl

ZUBEREITUNG

1. Die Zwetschgen waschen, halbieren und entsteinen. Die Margarine aus dem Kühlschrank nehmen, damit sie Raumtemperatur annimmt.
2. In einer Schüssel die Zwetschgenhälften mit Zucker, 1 Prise Salz, 1 Teelöffel Zimt, Zitronensaft und Garam Masala vermischen. Anschließend die Zwetschgen in einer mit Margarine oder Pflanzenöl eingefetteten Auflauf- oder Quicheform (Ø 28 cm) verteilen.
3. Den Backofen auf 180 °C (Umluft 160 °C, Gas Stufe 2–3) vorheizen.
4. In einer zweiten Schüssel Haferflocken, braunen Zucker, restlichen Zimt, restliches Salz und Mehl vermischen. Die weiche Margarine unterkneten, bis sich eine streuselartige Masse gebildet hat. Diese über die Zwetschgen krümeln.
5. Den Zwetschgencrumble für ca. 40 Minuten im Ofen goldbraun backen.

TIPP!

Der Crumble ist ein sehr einfaches Gericht, das mit wenigen Zutaten auskommt. Statt der Zwetschgen kann man wunderbar auch saure Äpfel oder Kirschen verwenden! Als kleines Dessert reicht dieses Rezept für 4 Personen.

15 MINUTEN + 40 MINUTEN BACKZEIT

TO GO

2 PORTIONEN

NUSSECKEN

ZUTATEN

FÜR DEN TEIG

250 g Mehl
125 g vegane Margarine (z. B. Alsan)
120 g Zucker
1 Päckchen Vanillezucker
1 TL Backpulver
1 EL Sojamehl
125 ml Mineralwasser

FÜR DEN BELAG

1 Glas Aprikosenmarmelade
150 g vegane Margarine (z. B. Alsan)
150 g Zucker
125 g gemahlene Haselnüsse
125 g gehackte Haselnüsse
100 g vegane Zartbitterschokolade

ZUBEREITUNG

1. Die Zutaten für den Teig verkneten und diesen auf ein Backblech (35 x 40 Zentimeter) streichen. Am besten mit den Händen verteilen, der Teig ist klebrig, und die Handwärme sorgt dafür, dass er geschmeidig wird. Mit Aprikosenmarmelade bestreichen.
2. Für den restlichen Belag Margarine und Zucker in einem Topf schmelzen, 2 Esslöffel Wasser und Nüsse dazugeben, ein wenig abkühlen lassen und auf dem Teig verteilen. Die Nussecken bei 180 °C (Umluft 160 °C, Gas Stufe 2–3) ca. 30 Minuten im Ofen backen.
3. Die Schokolade im Wasserbad schmelzen. Die Nussecken in Dreiecke schneiden und die Spitzen der Dreiecke in die geschmolzene Schokolade tauchen.

20 MINUTEN + **30** MINUTEN BACKZEIT

24 NUSSECKEN

TO GO

TIPP!

Nussecken sind ein Dauergebäck. In einer geschlossenen Metalldose halten sie sich bis zu 3 Wochen.

Nuss

MACADAMIA-BROWNIES

ZUBEREITUNG

1. Den Backofen auf 180 °C (Umluft 160 °C, Gas Stufe 2–3) vorheizen. Ein kleines Backblech (20 x 20 Zentimeter) mit Backpapier auslegen.
2. In einer kleinen Schüssel 3 Esslöffel Wasser und Leinsamenmehl vermischen und für 10 Minuten beiseitestellen.
3. In eine andere Schüssel die in Stücke gebrochene Schokolade, Kakaopulver, Espressopulver und Salz geben. Die Mischung mt 60 Milliliter kochendem Wasser übergießen und so lange mit dem Schneebesen verrühren, bis eine glatte Masse entstanden ist.
4. Leinsamengemisch, Zucker, Margarine, Backpulver und Vanille dazugeben und mit einem Handmixer glatt rühren.
5. Zum Schluss die Nüsse und das Mehl unterheben und den Teig auf das Backblech streichen. 25 Minuten auf der mittleren Schiene im Ofen backen. Komplett auskühlen lassen, bevor man die Brownies in Stücke schneidet.

ZUTATEN

2 EL gemahlene Leinsamen
120 g vegane Zartbitterschokolade
7 TL Kakaopulver
1 TL Espressopulver
¾ TL Salz
180 g Zucker
80 g vegane Margarine
¼ TL Backpulver
1½ TL Vanillepulver
70 g Macadamianüsse
150 g Weizenmehl
(kein Vollkornmehl!)

30 MINUTEN + 25 MINUTEN BACKZEIT

1 BLECH

TO GO

TIPP!

Die Menge ist auf ein kleines Brownie-Blech ausgelegt. Wer keines zur Verfügung hat, kann sich auch mit einer kleinen Backform behelfen oder für ein großes Backblech die Zutatenmengen verdoppeln.

ENERGIEBÄLLCHEN

ZUTATEN

APRIKOSENBÄLLCHEN

100 g Walnüsse
100 g Cashewkerne
150 g getrocknete Datteln ohne Stein
150 g getrocknete Aprikosen
1 Prise Salz
½ TL Vanillepulver
1 EL Mandel- oder Nussöl
6 EL gepoppter Amaranth

KOKOSBÄLLCHEN

250 g Walnüsse oder andere Nüsse nach Wahl
75 g Kokosflocken
350 g Datteln
2 EL Kokosöl
1 TL Meersalz
1 TL Vanillepulver

APRIKOSENBÄLLCHEN

1. Alle Zutaten bis auf den Amaranth im Mixer oder mit dem Pürierstab zu einer klebrigen Masse vermixen.
2. Mit feuchten Händen zu Kugeln formen und diese anschließend in Amaranth wälzen.

KOKOSBÄLLCHEN

1. Alle Zutaten im Mixer zu einer klebrigen Masse vermixen und diese mit feuchten Händen zu Kugeln formen.

10 MINUTEN

20 BÄLLCHEN

TO GO

TIPP!

Diese Bällchen kann man selbstverständlich beliebig mit anderen Nüssen, Trockenfrüchten, Superfood-Pülverchen u. Ä. variieren.

MÜSLIRIEGEL

ZUBEREITUNG

1. Den Backofen auf 180 °C (Umluft 160 °C, Gas Stufe 2–3) vorheizen und ein Backblech mit Backpapier auslegen.
2. Die Bananen schälen und in einer großen Schüssel mit einer Gabel zu einer klebrigen Masse zerdrücken. Ahornsirup, Salz und Zimt untermischen. Sauerkirschen klein schneiden.
3. Haferflocken, Kirschen, Amaranth, Haselnüsse, Sonnenblumenkerne und Kürbiskerne unterheben, bis eine einheitliche, klebrige Masse entstanden ist. Diese gleichmäßig auf dem Backpapier verstreichen. 25 Minuten im Ofen backen. Nach dem Auskühlen in gleich große Riegel schneiden.

ZUTATEN

3 reife Bananen
5 EL Ahornsirup
1 Prise Salz
1 Prise gemahlener Zimt
80 g getrocknete Sauerkirschen
250 g kernige Haferflocken
60 g gepoppter Amaranth
60 g gehackte Haselnüsse
60 g Sonnenblumenkerne
60 g Kürbiskerne

TIPP!

Für den Transport in Backpapier einwickeln. Die Müsliriegel kann man selbstverständlich nach eigenem Geschmack immer wieder neu variieren.

15 MINUTEN + 25 MINUTEN BACKZEIT

12 RIEGEL

TO GO

ANHANG

Was man im Vorratsschrank haben sollte, wo man all die Leckereien herbekommt und wo man sich weiter informiert

WOCHENPLANER – 1 X EINKAUFEN, 5 TAGE KOCHEN FÜR 2 PERSONEN

MONTAG

FRÜHSTÜCK
ORANGEN-CHIA
(REZEPT SIEHE S. 44)

MITTAGESSEN
ASIATISCHER GURKENSALAT
(REZEPT SIEHE S. 62)

ABENDESSEN
YAKISOBA
(REZEPT SIEHE S. 111)

DIENSTAG

FRÜHSTÜCK
KNUSPRIGES JOGHURTMÜSLI
(REZEPT SIEHE S. 46)

MITTAGESSEN
MEDITERRANER NUDELSALAT
(REZEPT SIEHE S. 60)

ABENDESSEN
BLITZSCHNELLE TOMATENSUPPE
(REZEPT SIEHE S. 84)

MITTWOCH

FRÜHSTÜCK
SATTMACHERBRÖTCHEN
(REZEPT SIEHE S. 52)

MITTAGESSEN
BLUMENKOHLSALAT
(REZEPT SIEHE S. 68)

ABENDESSEN
FRIKASSEE
(REZEPT SIEHE S. 110)

DONNERSTAG

FRÜHSTÜCK
BEEREN-POWER
(REZEPT SIEHE S. 42)

MITTAGESSEN
ERDNUSS-TEMPEH-WRAP
(REZEPT SIEHE S. 77)

ABENDESSEN
ZUCCHINISPAGHETTI
(REZEPT SIEHE S. 100)

FREITAG

FRÜHSTÜCK
TOAST MIT TOFU-TOMATEN-CREME
(REZEPT SIEHE S. 51)

MITTAGESSEN
GAZPACHO ANDALUZ
(REZEPT SIEHE S. 79)

ABENDESSEN
BACKOFENGEMÜSE MIT HUMMUS
(REZEPT SIEHE S. 87)

EINKAUFSLISTE FÜR DIE GANZE WOCHE

FRISCHES OBST UND GEMÜSE

2 reife Avocados
1 Zitrone
1 Packung Sprossen nach Wahl
600 g Strauchtomaten
23 Kirschtomaten
2 Zwiebeln
2 Knoblauchknollen
3 Salatgurken
3 Paprika (rote, gelbe und eine nach Wahl)
1 frische Chilischote
250 g braune Champignons
5 Shiitakepilze
1 Pak Choi
6 Zucchini
2 Möhren
4 Zweige frischer Rosmarin
½ Bund glatte Petersilie
½ Bund Schnittlauch
1 kleiner Kopfsalat
100 g Sojasprossen
1 Blumenkohl
2 saure Äpfel
600 g festkochende Kartoffeln
1 Bund Rucola

AUS DEM KÜHLREGAL

2 Packungen Sojajoghurt Vanille (à 500 g)
1 Packung Räuchertofu
100 g Tempeh
200 g Sojajoghurt natur (ungesüßt)
250 g gemischte Beeren (tiefgekühlt)
100 g feine Erbsen (tiefgekühlt)
150 g Blattspinat (tiefgekühlt)

TROCKENWARE

100 g kernige Haferflocken
50 g Mandelblättchen
50 g Sonnenblumenkerne
50 g Pinienkerne
50 g Erdnüsse
50 g Rosinen
2 Brötchen (frisch oder zum Aufbacken)
6 Scheiben Toastbrot
1 Päckchen Sesamsamen
500 g Nudeln nach Wahl
2 Wraps oder Tortillafladen
250 g Soba-Nudeln
1 kleines Päckchen Chiasamen
20 g Wakame

AUS DOSE UND GLAS

1 großes Glas getrocknete Tomaten
1 kleines Glas Erdnussbutter
1 Dose Mock Chicken (aus dem Asia-Laden)
1 kleines Glas Tahin (Sesampaste)
1 Dose Kichererbsen
1 Glas Spargel
1 kleines Glas Kapern
100 g passierte Tomaten

AUS DER FLASCHE

150 ml Orangensaft
150 ml Apfelsaft
1 kleine Flasche trockener Weißwein

GRUNDAUSSTATTUNG (IMMER VORRÄTIG)

Öl (Olivenöl und neutrales)
Pfeffer
Salz
Crema di Balsamico
Knoblauchgranulat
frischer Knoblauch
Gemüsebrühe (Instant)
Aceto balsamico (hell und dunkel)
Rohrohrzucker
getrocknete Chiliflocken
Ahornsirup
Sesamöl
Sojasauce (hell und dunkel)
Asia-Chilisauche (Sriracha)
Cayennepfeffer
Currypulver
Reisessig
Mirin (Reiswein zum Kochen)
frische Ingwerwurzel
Mehl
vegane Margarine (Alsan)
Hefeflocken
Tomatenmark
Gomasio

VORRÄTE FÜR ZU HAUSE

Selbstverständlich müssen Sie nicht alle hier aufgelisteten Produkte stets im Hause haben, aber die Liste soll Ihnen zeigen, wie vielfältig eine vegane Ernährung ist. Die folgenden Produkte sind bei mir regelmäßige Gäste im Vorrats- oder Kühlschrank.

IM VORRATSSCHRANK

BINDE- UND GELIERMITTEL

Speisestärke, Kichererbsenmehl, Johannisbrotkernmehl, Agar-Agar, Guarkernmehl, Pfeilwurzelmehl, Sojamehl

BROTBELAG

Vegane Brotaufstriche und vegane Wurst, Erdnussmus, Kokosmus

GETREIDE- & PSEUDOGETREIDEPRODUKTE

Bulgur, Buchweizen, Vollkornhaferflocken, Linsen, Quinoa, Hirse, Couscous, Polenta, Amaranth, Vollkorn- und Basmatireis, Nudeln (aus Hartweizen/Reis/Dinkel), Dinkel- und (VK-)Weizenmehl, gepoppter Amaranth

GETROCKNETE FRÜCHTE UND GEMÜSE

Getrocknete Tomaten, Datteln, Pflaumen, Feigen, Rosinen, Cranberrys, getrocknete Pilze

HÜLSENFRÜCHTE

Erbsen, grüne Bohnen, Zuckerschoten (Kaiserschoten), Kichererbsen, Linsen, Sojabohnen, Mungbohnen, Adzukibohnen

GEWÜRZE

Meersalz, Steinsalz, Kala Namak, Pfeffer, Hefeflocken, Curry- und Paprikapulver, Gemüsebrühe, Koriander, Kurkuma, Knoblauchgranulat, Oregano, Kreuzkümmel, Ingwerpulver, Vanillepulver, Rosmarin, Muskatnuss, Lorbeerblätter, Majoran, Thymian, Senfsamen, Wacholderbeeren, Ei-Ersatzpulver, Worcestersauce, Chili

KERNE, NÜSSE & MUS

Sonnenblumenkerne, Kürbiskerne, Pistazien, Leinsamen, Haselnüsse, Paranüsse, Macadamianüsse, Cashewkerne, Walnüsse, Mandeln, Pinienkerne, Sesamsamen, weißes Mandelmus, Erdnussmus, Haselnussmus, Cashewmus, Mandelpüree, Tahin

KONSERVEN

Oliven, weiße Bohnen, Bohnen in Tomatensauce, Antipasti, Mais, Tomaten (getrocknet/passiert/stückig), Gewürzgurken, Kapern, Kidneybohnen, vorgekochte Kichererbsen

ÖL, FETTE, ESSIG

Sonnenblumenöl, Olivenöl nativ extra, Kokosöl, Rapsöl, Sesamöl, pflanzliche Butter, Kokosfett, Weißweinessig, Rotweinessig, Aceto balsamico

SÜSSUNGSMITTEL
Agavendicksaft, Agavensirup, Reissirup, Rohrzucker, Vanillezucker, Stevia

SUPERFOODS/SPECIALS
Gojibeeren, Algen (getrocknet/als Pulver), Chiasamen, Maulbeeren, Maca-Pulver, Matcha-Tee, Kakao, Vanille

FÜR DIE ASIATISCHE KÜCHE
Wasabi- und Currypaste, Sojasauce, Sojasprossen, Soba-Nudeln, Glasnudeln, Nori-Algen, Chilisauce, Sriracha

FRISCHES

BASIC-GEMÜSE
Brokkoli, Blumenkohl, Kohlrabi, Weißkohl, Radieschen, Kartoffeln, Süßkartoffeln, Lauch, Möhren, Topinambur, Schalotten, Zwiebeln, Knoblauch, Frühlingszwiebeln, Ingwer, Rosenkohl, Kürbis, Pastinaken, Mangold, Grünkohl, Wirsing, Rote Bete, Rotkohl, Steckrüben, Spinat, Fenchel, Spargel, Paprika, Auberginen, Tomaten, Gurken, Zucchini

BASIC-OBST
Bananen, Äpfel, Ananas, Kiwis, Zitronen, Orangen, Heidelbeeren, Erdbeeren, Himbeeren, Grapefruits, Pfirsiche, Granatäpfel, Pflaumen, Trauben, Birnen, Avocados

SALATE
Kopfsalat, Rucola, Feldsalat, Chicorée, Postelein, Lollo rosso, Eichblattsalat, Radicchio

PILZE
Champignons, Austernpilze, Steinpilze, Pfifferlinge, Seitlinge, Shiitake

IM KÜHLSCHRANK

PFLANZENMILCHPRODUKTE
Nuss- oder Mandeldrink, Soja-, Reis-, Hafer-, Dinkeldrink und weitere Varianten, Soja-, Reis-, Hafer-, Dinkel-Sahnealternative, Sojajoghurt natur und Vanille

TIEFKÜHLPRODUKTE
Blätterteig, TK-Früchte, TK-Gemüse, TK-Kräuter(-mischungen), Brot

TOFU & CO.
Naturtofu, Räuchertofu, gewürzter Tofu, Seidentofu, Seitan, Tempeh, Sojaschnetzel, Sojamedaillons, Sojawürfel, Sojahack, Lupinenprodukte

WÜRZPRODUKTE
Tomatenmark, Senf, Ketchup, Mayonnaise ohne Ei

AUF DER FENSTERBANK

Frische Kräuter wie Basilikum, Minze, Kresse, Oregano, Rosmarin, Petersilie, Thymian, Schnittlauch oder Dill, dazu diverse Sprossen (z. B. aus Eigenaufzucht im Sprossenglas)

SCHNELLE PRODUKTE

Grundsätzlich ist »do it yourself« besser, aber natürlich auch (zeit-)aufwendiger. Die folgenden Lebensmittel sollte man einfach immer vorrätig haben, weil sie einem eine Menge Zeit sparen können, wenn diese wirklich mal sehr knapp ist:

FERTIGER TEIG

Wer fertigen Blätter-, Filo-, Yufka- oder Pizzateig im Kühlschrank hat, kann schnell mit Gemüse gefüllte Teigtaschen oder eine flotte Pizza zubereiten.

AUFBACKBRÖTCHEN

In wenigen Minuten hat man ofenfrische Brötchen, die man beliebig belegen oder bestreichen kann.

TORTILLA-WRAPS

Kurz aufbacken und mit Gemüse, Salat, Räuchertofu und/oder einer Sauce belegen, rollen, genießen.

TK-KRÄUTER & -MISCHUNGEN

Sollte man immer vorrätig haben, da frische Kräuter auf der Fensterbank recht schnell eingehen.

TK-GEMÜSE

Wer mal keine Zeit zum Schnippeln hat, kann sich am reichhaltigen Angebot an TK-Gemüse bedienen, das bereits gewaschen und vorgeschnitten ist. So hat man im Handumdrehen z. B. eine Gemüsepfanne oder eine Gemüsesuppe gekocht.

TOMATEN AUS DER DOSE

Die unerlässliche Grundlage für Pizza, Nudeln mit Tomatensauce oder Gemüsesuppen. Gibt es in verschiedenen Varianten (z. B. geschälte Tomaten oder Pizzatomaten).

NUSSMUS

Im Handumdrehen Pflanzendrinks herstellen (2 bis 3 Esslöffel Nussmus mit 1 Liter Wasser vermixen), außerdem sind sie eine tolle Ergänzung zu Salatdressings, im Müsli, im Chiapudding und an vielen anderen Stellen.

HÜLSENFRÜCHTE IN DOSEN

Vorgekochte Kichererbsen oder Bohnen ergänzen Salate und sind die Grundlage für ein schnelles Hummus.

CHIASAMEN

Für schnelle Puddings oder wenn der Magen mal knurrt, man aber keine Zeit zum Essen hat, einfach 1 Esslöffel Chiasamen mit Wasser oder Saft verrühren und trinken.

PESTOS

Einfach ein paar Nudeln al dente kochen und Pesto darübergeben – fertig ist die schnelle Mahlzeit.

SAISONKALENDER

MÄRZ–MAI
IM FRÜHLING

Junge Artischocken, frische Erbsen, neue Kartoffeln, Kohlrabi, Kopfsalate, Frühlingszwiebeln, Möhren, Radieschen, Salatkräuter, Spargel, Spinat, Rharbarber

JUNI–AUGUST
IM SOMMER

Auberginen, Blumenkohl, grüne Bohnen, frische Bohnenkerne, Brokkoli, Gurken, feste Kräuter, Mais, Paprika, Pfifferlinge, Rucola, Spinat, Spitzkohl, Tomaten, Zucchini, Zuckerschoten, Bataviasalat, Eichblattsalat, Eisbergsalat, Kopfsalat, Lollo rosso, Portulak, Radicchio, Aprikosen, Birnen, Heidelbeeren, Brombeeren, Erdbeeren, Himbeeren, Johannisbeeren, Kirschen, Mirabellen, Pflaumen, Stachelbeeren, Wassermelonen, Zwetschgen

SEPTEMBER–NOVEMBER
IM HERBST

Große Artischocken, Chicorée, Endivien, Feldsalat, Fenchel, Kartoffeln, Knoblauch, Kürbis, Lauch, wilde Pilze, Radicchio, Rotkohl, Rüben aller Art, Sellerie, Weißkohl, Zwiebeln, Äpfel, Birnen, Mirabellen, Pflaumen, Quitten, Weintrauben, Zwetschgen

DEZEMBER–FEBRUAR
IM WINTER

Chicorée, Chinakohl, Feldsalat, Grünkohl, mehligkochende Kartoffeln, Lauch, Rosenkohl, Rote Bete, Rüben, Schwarzwurzeln, Sellerie, Wirsing, Zwiebeln, Orangen, Zitronen, Mandarinen

WELCHE LEBENSMITTEL BEKOMME ICH WO?

PRODUKTE	BEZUGSQUELLEN
Frisches Gemüse und Obst, Pilze	Discounter, Supermarkt, Wochen- oder Bauernmarkt, Bio-Laden, Bio-Kiste
Hülsenfrüchte, Getreide, Nudeln, TK-Gemüse und Konserven, Sojadrinks, Naturtofu, Tofuwürstchen oder -schnitzel	Supermarkt, Discounter, Bio-Laden, vegane Onlineshops, Reformhaus
Pflanzendrinks aus Reis, Hafer oder Mandeln etc., Räuchertofu und gewürzter Tofu, Sojasahne, Seitan, Tempeh, Sojajoghurt, Schokoladen aus Reismilch, vegane Kosmetik	Gut sortierter Supermarkt, Bio-Laden, Veganladen, vegane Onlineshops, Reformhaus
Vegane »Milchprodukte« wie Käse und Quark, Superfoods, speziellere Fisch- und Fleischersätze, veganes Tierfutter, veganes Eis, vegane Fertiggerichte, rohköstliche Riegel, Nahrungsergänzungsmittel wie Vitamin B12	Veganladen und vegane Onlineshops

LÄDEN & ONLINESHOPS

ALLES VEGETARISCH
Onlineshop
» alles-vegetarisch.de

AVESU
Schuhladen
» avesu.de

BLEED ORGANIC CLOTHING
Kleidungslabel
» bleed-clothing.com

DEAR GOODS
Modeladen
» deargoods.com

DENKEFAIR
Accessoires
» denkefair.de

GREENALITY
Onlineshop
» greenality.de

HANSVURST
Shop für vegane Kleidung
» hansvurst.de

KEIMLING
Rohkost & Superfoods
» keimling.de

KOMO
Küchengeräte wie Mixer etc.
» frischmahlen.de

LIFEFOOD
Rohkost & Superfoods
» lifefood.de

MR. NELSON
Kleidungslabel
» mrnelson.de

NARAYANA
Superfoods & mehr
» narayana-verlag.de

NATURARTEN
Shop für Lebensmittel & Kosmetik
» naturladen-online.de

PERFEKTE GESUNDHEIT SHOP
Küchengeräte
» perfektegesundheit.de

PETA STORE
Onlineshop
» petastore.de

PURE RAW
Rohkost & Superfoods
» pureraw.de

RECOLUTION
Kleidungslabel
» recolution.de

REFORMHAUS VEGAN SHOP
Onlineshop
» reformhaus-vegan-shop.de

ROOTS OF COMPASSION
Onlineshop & Laden
» rootsofcompassion.org

VEGAN WONDERLAND
Onlineshop
» vegan-wonderland.de

VEGANBASICS
Onlineshop
» veganbasics.de

VEGANIC
Onlineshop
» veganic.de

VEGANISTA
Vegane Kleidung in München
» veganista-muc.de

VEGANZ
Onlineshop & Läden
» veganz.de

INFOSEITEN & BLOGS

ACHTUNG, PFLANZENFRESSER!
» achtungpflanzenfresser.wordpress.com

ALBERT SCHWEITZER STIFTUNG
» albert-schweitzer-stiftung.de

BBBAKERY
Backblog
» bbbakery.at

BEVEGT
Sport & vegan leben
» bevegt.de

BUND FÜR VEGANE LEBENSWEISE
» vegane-lebensweise.org

DER FLEISCHATLAS
Zahlen und Fakten
» bund.net

DEUTSCHLAND IS(S)T VEGAN
Alles zum veganen Leben
» deutschlandistvegan.de

DOC BEARS
Rezepteblog
» docbears.de

EAT THIS!
Rezepteblog
» eat-this.org

EIN BISSCHEN VEGAN
» einbisschenvegan.de

FOODS & EVERYTHING
» foodsandeverything.wordpress.com

HAPPY COW
Restaurantsuche
» happycow.net

HIGH FIVE VEGAN
Alles zu Nährstoffen
» highfive-vegan.org

KOCHEN OHNE KNOCHEN
Infoportal & Magazin
» kochenohneknochen.wordpress.com

KOSMETIK OHNE TIERVERSUCHE
» kosmetik-ohne-tierversuche.de

KOSMETIK VEGAN
» kosmetik-vegan.de

LAUBFRESSER
Rezepteblog
» laubfresser.de

LECKERES IN VEGAN
Rezepteblog
» leckeresinvegan.de

NANCY'S KITCHEN
» nancyskitchen.de

NIX WIE VEG DATENBANK
Lebensmitteldatenbank
» nixwieveg.de

PETA 2 EINKAUFSGUIDE
» peta2.de/web/einkaufs-guide.401.html

PETA 2 GESUND VEGAN GUIDE
» peta2.de/web/gesundheits-guide.846.html

PETA RESTAURANTFÜHRER
» peta.de/restaurants

PETA SHOPPING GUIDE
» peta.de/shoppingguide

REZEPTEFUCHS
Produktdatenbank & Rezepte
» rezeptefuchs.de

REGIONALGRUPPEN DES VEBU
» vebu.de/vebu/regional-gruppen

SEITAN IS MY MOTOR!
Rezepteblog
» seitanismymotor.com

SUPERGOODFOODS
Rezepteblog
» supergoodfoods.de

THINK VEGAN!
» thinkvegan.de

TWOODLEDRUM
Rezepteblog
» twoodledrum.de

VEBU-RESTAURANTFINDER
Restaurantsuche
» vebu.de/restaurants

VEGAN GREENROOM
» vegangreenroom.de

VEGAN INFOPORTAL
» vegan.eu

VEGAN NEWS
Onlinemagazin
» vegan-news.de

VEGAN.DE FORUM
» vegan.de/foren

VEGAN HOTELS
» vegan-hotels.com

VEGANE GESELLSCHAFT DEUTSCHLAND
» vegane-gesellschaft.org

VEGANBLATT
Onlinemagazin
» veganblatt.com

VEGANBLOG VON PETA
» veganblog.de

VEGANGUERILLA
Rezepteblog
» www.veganguerilla.de

THE VEGETARIAN DIARIES
Rezepteblog
» vegetarian-diaries.com

VEGETARIERBUND
» vebu.de

VEGGIES
Rezepteblog
» veggi.es

VEGGIEFINDER
Veggie-Locations finden
» veggiefinder.de

VEGGIE HOTELS
Vegetarische und vegane Hotels
» veggie-hotels.de

VEGGIE BUDDY
Einstiegshilfe
» vebu.de/einstieg/veggie-buddy

VEGGIE COMMUNITY
Austauschen
» veggiecommunity.org/de

VEGGIE LOVE
Kleidung & Kosmetik
» veggie-love.de

VEGPOOL
Infoportal
» vegpool.de

VEGGIE RADIO
Vegane Themen im Radio
» veggieradio.de

VEGANGUIDE
Vegane Restaurants finden
» veganguide.org

VOLLVEGAN
» vollvegan.blogspot.de

REGISTER

BLITZGERICHTE (UNTER 20 MINUTEN)

DANKE!

Ich möchte vor allem meiner Frau Eva danken, die mir unermüdlich in allen Belangen bei der Erstellung des Buches geholfen hat. Außerdem gilt mein großer Dank meiner Redakteurin Eva Wagner und dem ganzen Team von Südwest, das mich stets super unterstützt. Vielen Dank auch an Maike Jessen für die wunderschönen Fotos in diesem Buch und an Ulrike Kretschmer für das tolle Lektorat! Danke an Sandra König für den grafischen Support!

IMPRESSUM

1. Auflage

Redaktionsleitung: Silke Kirsch
Projektleitung: Eva Wagner
Redaktion: Dr. Ulrike Kretschmer
Korrektorat: Barbara Kohl
Bildredaktion: Annette Mayer
Fotografie: Maike Jessen, Hamburg (maikejessen.de)
Foodstyling: Diane Dittmer, Hamburg
Layout & Satz: Patrick Bolk
Umschlaggestaltung: zeichenpool, München
Illustrationen: Fotolia (ihorzigor, Aleksandra Novakovic, Mimi Potter, val2014)
Druck & Verarbeitung: Druckerei Theiss, St. Stefan im Lavanttal

Printed in Austria

FSC www.fsc.org MIX Papier aus verantwortungsvollen Quellen FSC® C012536

Verlagsgruppe Random House FSC®N001967
Das für dieses Buch verwendete FSC®-zertifizierte Papier *Hello silk* liefert Lecta, Condat, Frankreich.

ISBN 978-3-579-09374-1